Q&A 実力発揮のスポーツ科学

徳永幹雄＋田口正公＋山本勝昭［編著］

大修館書店

まえがき

　本書は，競技力向上をめざす中学生，高校生，大学生を対象に，比較的やさしく，スポーツ科学やスポーツ医学の知識を学び，実践に生かしてもらうことを目的に書かれたものです．スポーツで試合に勝つことは重要な目標です．しかし，スポーツは勝つことだけが目標ではありません．自分の可能性に挑戦し，実力を発揮することはそれ以上に大切なことです．ただ，がむしゃらに練習に明け暮れるのではなく，練習や競技に関係する正しい知識を身につけていくことは，その後の人生にきっと役立つはずです．このことを筆者はスポーツ選手の「知的能力」を高めると呼んでいます．そうした考えから，書名を『Ｑ＆Ａ　実力発揮のスポーツ科学』としました．

　近年，スポーツ選手の勝利至上主義，オーバートレーニング，バーンアウト現象（燃えつき現象），スポーツ障害，摂食障害，中途退部など多くの弊害が指摘されています．本書を読むことによって，スポーツ選手としての「知的能力」を高め，このような弊害が少なくなることを期待しています．

　本書は，勝つために必要な技術，体力，食事，医学について簡単に解説したあと，個々の質問に答える形式で書いてあります．自分の実力を向上させ，その実力を発揮するために必要な知識を総合的に折り込んだことに特徴があります．多くの学問分野でとくに大切なことが書かれています．したがって，自分の関心のある箇所から読んでいただいてもよいと思います．

　執筆は，福岡県体育協会のスポーツ医・科学委員会のメンバーが中心に担当しました．ほとんどは大学に勤務するスポーツ医・科学の研究者です．少しむずかしい文章や言葉があるかもしれませんが，ご容赦ください．

　最後になりましたが，本書の原稿の整理にあたっては久保桂子氏（九州大学健康科学センター）にお世話になりました．また，財団法人スポーツ安全協会福岡支部の協賛を得ました．そして，出版にあたっては大修館書店の平井啓允取締役および中島克美氏にご協力をいただきました．ご支援いただいた多くの皆さまに厚く感謝いたします．

　　平成14年1月末日

編者代表　徳永幹雄

■ も く じ ■

まえがき　i

第1章　なんのためのスポーツか―――――――――1
　1　スポーツと個人―――――――2
　2　スポーツと社会―――――――4
　3　スポーツ選手の将来像――――――4
　　　Q1　ピーク・パフォーマンス――――――6
　　　Q2　練習計画の立て方――――――8
　　　Q3　練習日誌のつけ方――――――10
　　　Q4　選手の心得――――――12
　　　Q5　文化としてのスポーツ――――――14
　　　Q6　進路・資格取得――――――16
　　　Q7　体育協会の役割――――――18

第2章　わざを磨いて勝つ―――――――――21
　1　スポーツに必要なわざ――――――22
　2　走る・跳ぶ動作のわざ――――――23
　3　投げる・打つ動作のわざ――――――25
　4　泳ぐ動作のわざ――――――26
　5　回る・滑る動作のわざ――――――28
　　　Q1　速く走る方法――――――30
　　　Q2　高く，遠く跳ぶ方法――――――32
　　　Q3　遠くへ投げる方法――――――34
　　　Q4　パワフルに打つ方法――――――36
　　　Q5　少ない抵抗で泳ぐ方法――――――38
　　　Q6　推進力と腕の動作――――――40
　　　Q7　滑走時の推進力――――――42
　　　Q8　速く回る方法――――――44
　　　Q9　ウォーミング・アップの方法――――――46

第3章　身体をきたえて勝つ―――――――――49
　1　スポーツ選手に必要な体力――――――50
　2　体力トレーニングの原理・原則――――――51
　3　トレーニング効果――――――53

4　体力トレーニングの注意点————————54
　　　　Q1　発育期の体力トレーニング————————56
　　　　Q2　筋力トレーニング法————————58
　　　　Q3　筋力トレーニングの効果————————60
　　　　Q4　筋力トレーニングによる筋肉の変化————————62
　　　　Q5　身体のバネ————————64
　　　　Q6　全身持久力のトレーニング法————————66
　　　　Q7　心肺機能の変化————————68
　　　　Q8　長距離選手の素質————————70
　　　　Q9　柔軟性のトレーニング————————72
　　　　Q10　敏捷性のトレーニング————————74
　　　　Q11　正しい減量————————76

第4章　心をきたえて勝つ————————79
　　1　スポーツ選手に必要な精神力とは————————80
　　2　心理的コンディショニング————————81
　　3　メンタルな動きづくりをする————————82
　　4　メンタル・トレーニング法————————82
　　　　Q1　メンタル・トレーニングの方法————————84
　　　　Q2　やる気の高め方————————86
　　　　Q3　リラックス法————————88
　　　　Q4　集中力のつけ方————————90
　　　　Q5　イメージ・トレーニング法————————92
　　　　Q6　自信のつけ方————————94
　　　　Q7　ビジュアル・トレーニング法————————96
　　　　Q8　チームワークの高め方————————98
　　　　Q9　試合前・試合中の心理————————100
　　　　Q10　セルフトーク（自己会話）————————102

第5章　食べて勝つ————————105
　　1　スポーツ選手に必要な栄養素————————106
　　2　運動の種類とエネルギー供給様式————————106
　　3　体温調節のしくみ————————108
　　4　スポーツ・ドリンクの役割————————110
　　　　Q1　トレーニングの時期と食事————————112

- Q2 試合当日の食事————————————114
- Q3 遠征時の食事————————————116
- Q4 食物摂取のタイミング————————118
- Q5 グリコーゲンの補充法————————120
- Q6 プロテイン・アミノ酸の摂取法————122
- Q7 ビタミン・ミネラルの補充法————124
- Q8 脂肪の摂取法————————————126
- Q9 水分摂取法————————————128
- Q10 貧血の予防策————————————130
- Q11 酒・タバコ————————————132
- 　　救急蘇生法の手順————————————134

第6章　ケガを治して勝つ————————————135

- 1 スポーツ選手に多い障害————————136
- 2 スポーツ障害の予防法————————137
- 3 スポーツ障害の治療法————————138
- Q1 腰痛対策————————————140
- Q2 足関節の治療————————————142
- Q3 膝痛者の注意————————————144
- Q4 肩痛の治療————————————146
- Q5 疲労骨折の予防————————————148
- Q6 スポーツ心臓————————————150
- Q7 不整脈の注意————————————152
- Q8 腹痛対策————————————154
- Q9 温湿布、冷湿布————————————156
- Q10 ストレッチングの方法————————158
- Q11 スポーツ・マッサージの方法————160
- Q12 テーピングの方法————————————162
- Q13 ドーピング————————————166
- Q14 けいれんの予防と対策————————168

執筆者　170

第1章 なんのためのスポーツか

1 スポーツと個人

❶スポーツと欲求・楽しさ

みなさんは，なんのためにスポーツをしておられますか。基本的には，スポーツが好きであることにまちがいはないでしょう。しかし，あらためて「なんのためにスポーツをしているのか」と問われると，このことについてあまり深く考えていなかったことに気づくかもしれません。

「われわれ人間には，いくつかの欲求があり，その欲求には階層がある」といった人がいます。アメリカの心理学者マズロー(Maslow A.H., 1908〜1970)です。彼は，人間の欲求には，次のように，低次の欲求から高次の欲求までいくつかの階層があるといっています。

低次　1. 生理的欲求(飢え，渇きなど)
　　　2. 安全の欲求(安全，秩序など)
　　　3. 愛情・集団所属の欲求(愛情，社会的活動など)
　　　4. 尊敬・承認の欲求(他者からの尊敬・承認など)
高次　5. 自己実現の欲求(能力を発揮する，創造性など)

高次の欲求としては，尊敬・承認の欲求，自己実現の欲求があげられています。いっぽう，「スポーツをやっているのは楽しいから」という考えがあります。スポーツの楽しさの内容をこの欲求に当てはめると，図1のようになります。

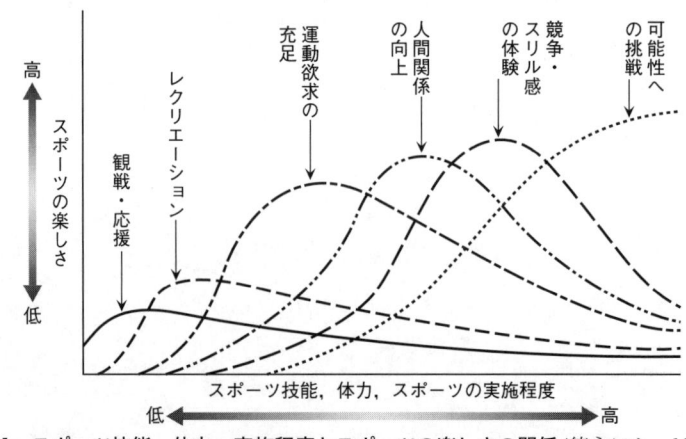

図1　スポーツ技能，体力，実施程度とスポーツの楽しさの関係(徳永ほか，1986)

スポーツの楽しさの内容にもいくつかの階層があります。その内容は，プロ野球などを見たり応援したりすること，自由にレクリエーション活動をすること，運動欲求を満たすこと，そして，好きな仲間といっしょにスポーツをすること，スポーツ大会で競争したり優勝すること，さらに，自分の可能性をためして限界へ挑戦することなどです。

　スポーツの楽しさの内容が高次になるほど，スポーツ技能，体力，実施度は高くなります。たとえば，「優勝したい，金メダルをとりたい」というのは，そのことによって他の人から尊敬されたり，認められたいという欲求ですから，尊敬・承認の欲求ということになります。競技力の向上をめざす人は，勝つこと，優勝することも大切ですが，スポーツの目的を可能性への挑戦（自己実現の欲求）と考えることが，より高次の欲求ということになります。近年の言葉で表現すれば，ピーク・パフォーマンス（最高のプレー）を発揮しようとする心こそが，高次の欲求ということができます。

❷スポーツ選手に必要な知識

　「スポーツ選手としての知的能力を磨け」という言葉があります。競技成績を向上させるためには，たんに練習に明け暮れるだけでなく，競技成績を高めるために必要な方法とその知識を理解することが大切です。この本は，そのための解説書でもあります。

　競技成績を高めるためには，以下のようなスポーツの専門的分野があります。

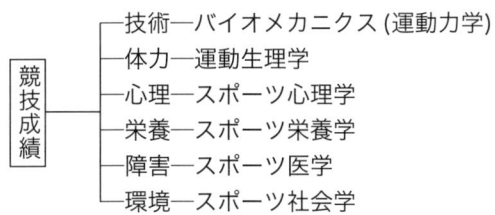

　スポーツ技術の練習をくり返し行うなかで，この練習はなんのために行うのか，どのような効果があるのか，練習上の注意点はなにか，など科学的な知識を理解しておくことが必要です。また，練習の方法ばかりでなく，競技に必要な心理・食生活・医学的知識などもあわせて習得することが大切です。個人の

知的能力を高めることは，競技能力の向上に欠かせない重要な視点です。

2 スポーツと社会

「スポーツは文化である」といわれます。私たちは長い歴史のなか，人間の欲求をスポーツという身体活動のなかで正当な形で発揮させ，われわれの生活を豊かで価値あるものにし，人間性を発達させるものとして発展させてきました。私たちはまぎれもなく「文化としてのスポーツ」を理解・実践し，発展させていかなければなりません。つまり，スポーツは社会とのつながりをぬきにしては考えられないのです。

個人の競技力を向上させるためには，家族の理解や経済力もさることながら，指導スタッフ，練習環境の選択が重要であり，さらには競技団体，そして地域，政府，国民といったサポートがスポーツを支える母体となります。個人で行うスポーツ，または国を代表するトップレベルのスポーツのいずれにおいても，仲間・家族を含めた社会環境からのサポートを大切にし，なおかつ感謝の念を大切にしていくことを忘れてはならないでしょう。

3 スポーツ選手の将来像

本格的に競技スポーツをめざす人は，競技者としての目標(オリンピック選手，国体選手，日本一になるなど)や何歳ぐらいまで競技をつづけ，どんな形で引退するのか，引退後にどんな職業につくのかなど，生涯の設計をおぼろげであってもつくっておくべきでしょう。

とくに，高校生や大学生は，競技スポーツを行いながらも将来の進路を考えておくことは大切なことです。

スポーツ経験を生かして職業を選択するなら，プロの選手，保健体育の教師，スポーツ科学の研究者，コーチ，各種インストラクター，トレーナー，レクリエーション指導者，スポーツ・リハビリテーション専門技術者などがあります。

そのための資格としては，文部科学省，厚生労働省などの政府が認定する資

格や日本体育協会，日本レクリエーション協会などが認定する資格があります。

　第一線で活躍することは，いつまでもつづけられるものではありませんし，いずれは生計をたてるために職につかなければなりません。あるいは，スポーツ経験を生かした職業を選択し，生涯にわたってスポーツを楽しむという生き方もすばらしいと思います。現在，スポーツをしながら，自分のスポーツへの目標や進路・職業などの将来像を考えておくことは，忘れてはならない大切なことです。

(徳永幹雄)

Q1 ピーク・パフォーマンス
ピーク・パフォーマンスとはなんですか

A 1——心理的要因の影響

あなたが、これまでに発揮できた最高のプレーや競技成績のことを「peak performance」といいます。

目標にしてきた大会や試合で自己新記録を達成したり、チャンピオンを倒したり、すばらしいプレーや演技で成功したことなどは、大なり小なりだれもが経験しているものです。またいっぽう、試合で緊張したり集中力をなくしたり、あせったり、相手をあまく見たり、結果を意識しすぎて失敗した経験も数多くもっていると思います。試合や大会で失敗したり、負けたスポーツ選手にその原因をたずねると、心理的原因が体力的・技術的要因にくらべて圧倒的に多いことがあげられます。

このように心理的要因は、ピーク・パフォーマンスの発揮に作用したり、失敗の原因になったりします。

2——理想的な心理状態

このピーク・パフォーマンス時の心の状態を、ガーフィールド、ジム・レアー、加賀・杉原らが多くのエリート競技者を対象に、その自伝やインタビュー、談話や調査で明らかにした「理想的な心理状態（Ideal Performance States）」

表1　理想的な心理状態

	ガーフィールドの8つの精神状態	加賀，杉原の10因子	ジム・レアーの12の特徴
1	精神的リラックス	コクーンを伴った能力の充実感	筋肉がリラックスする
2	身体的リラックス	自信を伴ったリラクセーション	プレッシャーを感じない
3	自信と楽観性	明鏡止水の認知	やる気がある
4	今ここへ集中	無念無想の境地	うまくいくような気がする
5	精神力	コンセントレーション	心が落ち着いている
6	高度な意識性	勝利追求感	プレーが楽しい
7	コクーンの状態	自分自身への集中と激励	むりがない
8		無意識的運動制御感	無心にプレーする
9		時間感覚の受容	敏感に動ける
10		プレーの喜び	自信がある
11			集中力がある
12			自分をコントロールできる

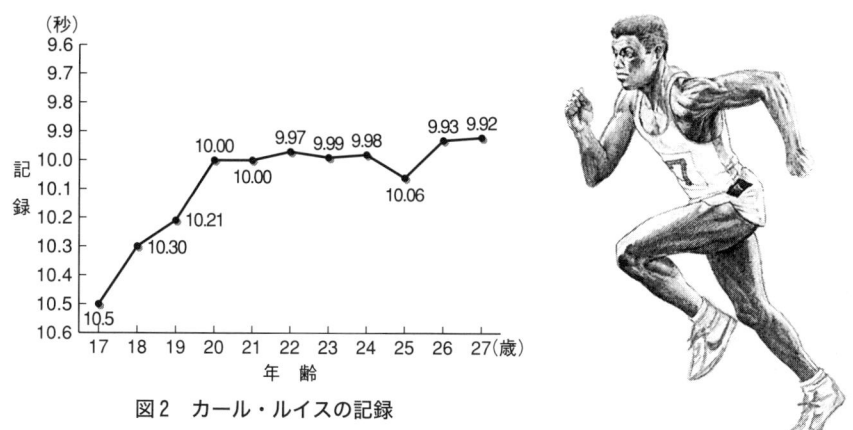

図2　カール・ルイスの記録

について，まとめたのが表1です。3つの研究に共通するものとして，1) やる気と向上心がある，2) リラックスしている，3) 心の安定と集中力がある，4) 心身が調和し自然なプレー（自由自在），5) プラスの見通しと自信に満ちている，などがその特徴としてあげられます。

これらの理想的な心理状態は，個人（競技レベル，経験年数），競技種目の特徴によっても違いがみられ，経験によって試行錯誤的につくられる方法と合理的・科学的なトレーニング法（Q2参照）によってつくられる方法があります。

3――記録のピーク

また，ピーク・パフォーマンスについては，もうひとつの側面を考えておかなければなりません。それは，コーチや指導者の視点です。長い競技生活のなかで，いつごろ競技能力を最高にもっていくかという継時的視点でとらえる必要があります。

図2は，カール・ルイスが出した各年代別100m走の記録です。彼は22歳で夢の9秒台に突入し，陸上100m走の早熟天才型といわれました。100m走の彼のピークは27歳で，9秒92の世界記録を出しています。走り幅跳びでは，30歳すぎまでオリンピック金メダリストとして力を発揮しました。

また，水泳競技の日本のオリンピック選手は，男子が平均18～21歳，女子が14～17歳に集中しています。

記録面でのピークには，このように競技種目の特性および性差によって，種目別ピーク・パフォーマンスの時期に違いがあります。

このように各年代に応じたいくつかのピーク体験をくり返し，故障や燃え尽きることなく，生涯における最高のパフォーマンスを発揮するためには，一貫指導とこれまでの経験を生かした科学的トレーニングによる心身の充実をはかる必要があります。　（山本勝昭）

1) Garfield, C: Peak Performance, Jeremy P. INC. 1984.
2) 石井源信：「ピークパフォーマンス時の意識」，体育の科学，Vol.445, 1994.

練習計画の立て方

Q2 年間の練習計画の立て方を教えてください

年間計画を立てるには，まず最初に，これまでの1年間を振り返り，試合の結果と，結果にいたるまでの練習やトレーニングの内容を思い出してみることが大切です。

自分自身，またはチームの弱いところや強いところを具体的に把握（はあく）し，これをもとにトレーニングを含めた練習計画をつくります（図3）。練習計画を立てる前に，ピーク（いちばん大事な試合がある時期）をいつごろにもっていくかを考えます。それが決まったら，ピーク（試合期）までの時期を次のように分けて計画を立てていきます（表2）。

1 ── 移行期

これまでに蓄積した疲れを取り去って，心身ともにリフレッシュする時期です。専門とするスポーツ以外の運動なども取り入れて，基礎体力の低下を防ぎ，できれば強化につなげていきます。時にはゲーム的なことを行うのもよいでしょう。「心には休養を，体には適度な運動を」を心がけてください。

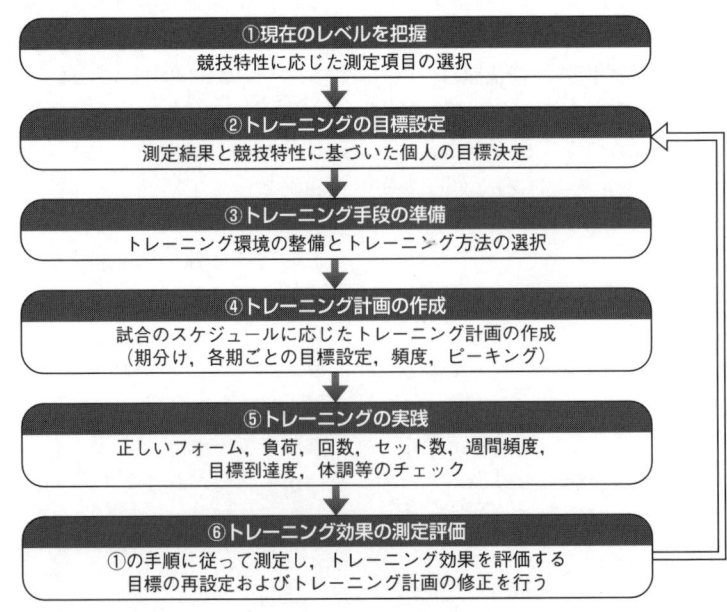

図3 トレーニング導入の手順

表2 年間練習計画の例(8, 9月が試合期の場合)

月	10	11	12	1	2	3	4	5	6	7	8	9
期分け	移行期	準備期									試合期	
おもな目的	・疲労回復 ・心身のリフレッシュ	基礎的準備期 ・基礎となる体力づくり(体格,筋力・パワー,持久力など) ・個人プレーの基礎的技術の向上 ・チームプレーの基礎的技術の向上				専門的準備期 ・専門的な体力づくり(技術特性に応じた体力) ・実際の試合に即したチームプレーの技術を向上					・これまでにつちかってきた体力の維持 ・体調の維持・調整 ・試合に向けての心構え	

2——準備期

①基礎的準備期

試合に必要な基礎となる体力や技術を最大限に向上させる時期です。この時期のトレーニングや練習に対する取り組みがあまいと,今後の成長があまり期待できないものになってしまいます。勝負はこの時期からはじまっていることを肝に銘じて,練習やトレーニングに取り組んでください。

②専門的準備期

基礎的準備期でつちかった技術や体力をもとにして,より高度なプレーに結びつけていきます。

トレーニングは,実際の試合場面に近い動きや力の出し方で行い,練習は実際の試合と同じような状況のもとで行うようにして,より実戦的なものにしていきます。

試合期が近づいてきたら練習量を落として(テーパリング),疲労を残さないようにし,試合期にのぞめるようにしていきます。

3——試合期

この時期になれば,技術や体力を高めるよりも,これまで練習やトレーニングでつちかってきたことを,いかに試合で発揮できるようにするかが主眼になってきます。

体力面は,現状維持を心がけてトレーニングを行います。練習は,実戦的なもの(練習試合や記録会など)を行いますが,疲労やケガの原因になりやすいので,決して過度なものにならないように心がけましょう。

また,かぜや事故などには十分注意して生活してください。

最後になりますが,スポーツは本来,楽しむためのものです。試合に勝つことは楽しいことです。そして練習やトレーニングの計画を立てることも含めて楽しんでください。そうすれば,自然と練習やトレーニングに対する意欲もわいてきて,効果もあがり成績もよくなることでしょう。

(渡辺和己,河野儀久)

練習日誌のつけ方

練習日誌のつけ方を教えてください

　目標とする試合や大会でよりよい成績(結果)をあげるには、綿密に計画された練習に積極的な態度で取り組むこと(原因)が必要です。この原因と結果の関係を分析する材料として、練習日誌はとても重要な役割を果たします。日々の練習を見つめると同時に、長期的な練習計画の見なおしをはかる材料として活用できるような、練習日誌にしていくことが大切です。

1── 練習日誌の活用方法

　練習日誌の活用方法は、短期的な目的、中・長期的な目的に分類することができます。短期的な目的としては、日々の練習を振り返ることによって、その内容の再確認や各期間(トレーニングに関していえば、年間計画を立てる際、基礎体力を養成する時期、専門体力を養成する時期などの期分けを行うことが一般的になされる)における目標と練習の関連性を再確認することがあげられます。

　また、練習への取り組み態度や体調などを自己分析して記録し、その日の練習がみのりあるものであったかどうかを反省することが重要です。

　そして、練習全体を通しての感想を記述しておくことによって、その日の心理状態や自身の行っている競技や練習に対する考えなどを記録しておきましょう。

　次に、中・長期的目的としては、計画的に実施している練習がその計画どおりに進行しているか、練習内容と身体のコンディションはうまく調和がとれているかなどを、日々の記録内容から分析し、練習時間・内容を再構築したり、来シーズンの年間計画を設計する重要な資料にすることがあげられます。また、身体のコンディションをくずすことなく、よりハイレベルな技術・戦術を身につけ、より強靭な体力を獲得するための練習計画を設計することも重要ですが、どれだけ高い意欲をもって練習に取り組むことができるかという視点も忘れてはならないでしょう。

2── 記録項目

　次は、どのような項目を日誌の記録として残すかということになります。分析するための情報は多いにこしたことはないのですが、記録は毎日、練習ごとに残しておく必要があるので、記録する項目や記述の方法をよりシンプルなものにすることをおすすめします。

　記録項目の例を以下にあげてみましたが、これらのなかで必要であると思われるものをさらに厳選もしくは追加していくことも必要でしょう。

①練習内容(技術練習，戦術練習など)，②トレーニング内容(重量，回数，セット数，距離，時間など)，③バイタルサイン(体重，血圧，体温，安静時脈拍数など)，④身体計測値(胸囲，大腿囲，上腕囲など)，⑤各種体力測定値(持久力，筋力，フィールドテスト，柔軟性など)，⑥練習意欲，⑦身体の疲労感，⑧心の疲労感，⑨体調，⑩目標達成度，⑪感想

①〜③，⑥〜⑪は毎日記録し，④〜⑤は適当な期間(シーズン前，シーズン中，シーズン後などに)をおいて実施するとよいでしょう。また，⑥〜⑨は表にもあるように，尺度を設けて1〜5の5段階評価をしておくことをおすすめします。

記録表やチェックリストをあらかじめ作成しておくと，記録がめんどうにならなくてすむと思います。

⑪は，その他の記録では残らない心の動きや意欲(競技や練習に対する自分の考えや意気込み，その日にふと考えついた練習方法など)をメモします。

練習日誌をつけることで，自分のかかわる運動スポーツとの対話が可能になります。よりよい成績を得るための方法として練習日誌をつけていくわけですが，この自分との対話を通して競技スポーツに参加する楽しみも見つけていくことができれば，日々の練習がもっと充実したものになることはまちがいありません。

(清水利之)

表3 練習日誌の一例(毎日の記録)

項目	／(月)	／(火)	／(水)	／(日)
①練習内容				
②トレーニング内容				
ベンチプレス				
スクワット				
デッドリフト				
アームカール				
アップライトローイング				
レッグカール				
腹筋				
背筋				
体重(kg)				
体温(度)				
安静時脈拍数(拍/分)				
⑥練習意欲	5・4・3・2・1	5・4・3・2・1	5・4・3・2・1	5・4・3・2・1
⑦身体の疲労感	5・4・3・2・1	5・4・3・2・1	5・4・3・2・1	5・4・3・2・1
⑧心の疲労感	5・4・3・2・1	5・4・3・2・1	5・4・3・2・1	5・4・3・2・1
⑨体調	5・4・3・2・1	5・4・3・2・1	5・4・3・2・1	5・4・3・2・1
⑩目標達成度	5・4・3・2・1	5・4・3・2・1	5・4・3・2・1	5・4・3・2・1
⑪感想				

備考1) 筋力トレーニングの記録は各種目の総挙上重量；日曜日に一週間の総挙上重量の合計を記入する。

備考2) 以下のように5, 4, 3, 2, 1を割り当て，日曜日に一週間の合計を記入する。
⑥練習意欲：
　5．とてもある
　4．まあまあある
　3．普通にある　2．あまりない
　1．ほとんどない
⑦身体の疲労感：
　5．とても元気　4．元気
　3．どちらでもない
　2．疲れた　1．疲れきった
⑧心の疲労感：
　5．とても元気　4．元気
　3．どちらでもない
　2．疲れた　1．疲れきった
⑨体調：
　5．とても良い
　4．まあまあ良い　3．普通
　2．あまり良くない
　1．とても良くない
⑩目標達成度：
　5．ほぼ達成
　4．まあまあ達成
　3．どちらともいえない
　2．あまりできていない
　1．ほとんどできていない

Q4 選手の心得
選手としての心得を5つあげてください

A いろいろあるなかで、あえてまとめるとすれば、以下のとおりです。

1——楽しい食事はバランス(朝食は必ずとるように)

健康な体力、聡明（そうめい）な快適さを身につけるためには、その基本である食事に注意して、規則正しい食生活を送ることはいうまでもありません。ところが、最近の高校生のなかには、朝食をとらずに登校する生徒が年々増加の傾向にあると聞いております。これはたいへん危険な状況だと思います。

周知のとおり、高校生諸君の年齢は成長・発育の時期であり、好き嫌いのないバランスのとれた多種の栄養をとらないと、身体の諸器官、諸内臓などの発育に支障をきたし、体力的にも精神的にも不安定な状態になってしまいます。

朝食は1日の元気の源であり、エネルギー源になるものです。とくにスポーツをする者にとっては、体力、コンディションを左右するものですから、かならず朝食をとるように心がけることが大切です(詳細は第5章を読んでください)。

2——自己管理したトレーニングを

高校生がスポーツをする場合、顧問教師がその指導にあたることが多いようです。基礎的な指導から、程度の高い専門的なものまで、グラウンド、体育館などで練習が行われ、それぞれの専門競技の技術を修得するわけです。その場合、たんに受身的なとらえ方でなく、積極的にとらえ、自己管理しながら練習にはげみ、個性に合った種目を選び、集中して取り組むことが必要になります。

年間の練習計画を大枠で定め、自主トレーニングを中心に適宜、指導者と相談・検討し、自分の位置を見失うことなく的確にとらえ、オーバーワークにならないように注意することです。

自己管理とは、計画性をもって身体状況、練習進度を考慮し、目標を定めながら、練習の度合いを深め、記録会・競技大会などに向けてコンディションをととのえていくことです。

3——苦しさを克服（こくふく）する根性を養う

長い人生においては、楽しいことより、むしろ苦しい面の割合が多いように感じます。苦しさから逃れるのではなく、克服する根性を養うことが肝要だと思います。

根性というと、ひと昔まえの「非科学的な精神主義」を連想する人がいるかもしれませんが、あらゆる局面で最終的な決定要因になるのは、根性(＝精神

力)です。苦しさを乗り越えたところに明るい道は開けるものです。

スポーツの場合を考えてみると、栄光ばかりがつづくものではなく、練習しても練習しても期待する記録は出ず、ゲームのなかでの相互間の連係プレーもうまくいかず、精神的にあせるばかりのときがあります。俗にいう「スランプ」です。どんなに優れたスポーツ選手にも、大小の違いはあれ、おとずれるものです。

そんなとき、苦しさから逃げたら、練習の苦労が水泡に帰すことになります。あせることなく原因を見いだし、信念をもって指導者の指導を受け、つづけていく忍耐力、根性を養い、克服してこそ記録が生まれ、満場をわかすプレーが生まれるものです。

スポーツによってつくり出される、苦しさを克服する根性、精神力を養うことは、前途に明るい希望を与えてくれます。

4──指導者とは信頼関係をもつ

高校のスポーツ指導者から「指導者の話も聞かず勝手に個人行動にはしり、記録だけにこだわる生徒が多くなった」ということをよく耳にします。もちろん、記録も大事ですが、豊富な経験がある指導者は、年齢、成長過程を考えながら指導計画を作成し、相互間のコミュニケーションを考慮しつつ適切に指導されるのですから、指導者を信頼し、敬意の念をもって接することが大切です。かりに指導者がむりな指導をすれば、かならず障害を起こし、有望な道も閉ざされることになります。

指導者と競技者が互いに信頼関係をもち、苦しい練習にも耐え、明日への希望をもって練習にはげんでこそ、実を結び、記録が生まれ、みごとなプレーが展開されることになります。

5──協調のなかで自分の個性を生かす

私たちは個々人の個性を生かしながら日々練習し、協調性を保ってトレーニングにはげんでいます。

個性を生かした練習とは、「我を張って勝手に練習する」「自己主張ばかりして指導者の指示を聞かない」などというのではありません。仲間と協調したなかで練習し、そのなかで自分の個性を生かすということで、これらは決して相反するものではありません。

個人競技でも団体競技でも、個性を生かし平常心で、正しいトレーニングをすることが大切です。とくに団体競技(チームスポーツ)では、個性の特色を生かしたゲームで、団結力、行動力を発揮した好プレーが展開されます。チームメイトとともに目標を達成できた喜びや快感こそ、スポーツ選手冥利(みょうり)につきます。協調性の欠落が問われる現代、スポーツを通して身につけたいものです。

(高山　順)

スポーツ選手としての自立心こそ重要です！

文化としてのスポーツ
Q5 文化としてのスポーツとは, どんな意味ですか

A 最近,「スポーツ文化」という言葉がよく聞かれるようになりました。このスポーツ文化とは, どういうことを意味しているのでしょうか。

1──文化の意味とスポーツに対する偏見

文化とは, 学術的な定義では「環境のなかで, 人間がもともともっている基本的な欲求を満足させ, 豊かで快適な生活を送るために人間によってつくり出され, 学習によって次の世代へと受け継がれていく歴史的・社会的遺産の総体」[1]ということができます。いいかえると,「文化とは, 他の動物の生活から区別されるかぎりでの人間生活の有機的総体」[2]ともいわれ, 非常に広い範囲と内容を持つ言葉です。

しかし, 日常的に使われるときの「文化」という言葉には, 価値的なニュアンスが含まれているようです。たとえば, 文化人や文化勲章, 文化遺産などの用法がそれです。そこには, 芸術や宗教, 科学や哲学に代表される精神的な活動とその産物のために, 文化という言葉が用意されているとさえ思われます。

みなさん方に関係の深いクラブやサークル活動でも,「文化系」と「体育系」に区別されているのが一般的でしょう。このように, スポーツは文化とは違うものとして扱われてきました。なぜ, スポーツは, 文化として正当に評価されなかったのでしょうか。

それは, ひとつには, 心と身体を別々のものとして考える「心身二元論」の考え方が強く影響しています。その場合, 精神は人間の理想を実現するものとして高い価値がおかれ, 身体は欲求のすみかとして軽く見られ, 精神に奉仕する道具としてのみ認められたのです。身体活動を中核的な要素として持つスポーツは, 文化とは違う, 価値の低いものとして扱われてきたわけです。

また,「心身二元論」的な考え方を積極的に推し進めなければならなかったころの社会は, 神を絶対的な存在として, 社会の秩序を保ち, 一般の人びとの欲求を押さえ込まなければならないほど, 経済的に貧しい社会だったわけです。人びとの欲求を認め, これを自由にすることは, 社会の秩序と安定を破壊する危険性を持っていたので, 宗教的には禁欲主義が正当な教えとして広められていたわけです。

スポーツが文化的に不当な扱いを受けてきた背景には, こうした歴史的・社会的事情があったのです。

2──スポーツはどのような文化なのか

スポーツの多くは, よく知られているように, 遊びから発展してきたもの

です。そのほかには，労働や日常生活を営むうえでの技術，さらには戦闘や武闘などが，もともと持っていた意味を失い，スポーツとしての意味を持つように整備されたものと考えられます。

ですから，スポーツは，生物としての人間にはじめから備わっている本能や遺伝でなされる活動ではありません。歩・走・跳・投のような基本的な運動を展開する能力でさえも，一般には身体の発達とともに自然に身についていくものと思われがちですが，厳密な意味では学習によってはじめて可能になるのです。スポーツ種目の多くは，これらの基本的な運動を基礎としながら，ある一定の決まりにしたがって身体全体(用いる器具や用具も含めて)をその種目に固有な目的に合うように合理的に働かせる，総合的な活動だということができます。

このようにみてくると，スポーツは，人間の長い歴史的・社会的な生活のなかで，競争・挑戦・克服などのさまざまな要素を，生物としての人間の欲求やそこから新たに生み出されてくる諸欲求を身体と結びつけて，人間の生活をより豊かにするために工夫され，発展してきた活動であることがわかります。ですから，スポーツはまぎれもなく文化であり，それ以外のなにものでもありません。

さまざまな文化のなかにあるのは，価値的な上下関係ではなく，質的な違いだけなのです。それでは，なぜスポーツを文化として主張したり，理解しなければならないのでしょうか。

3── 文化として理解する必要性

スポーツは，「プレイの性格を有し，自己あるいは他者との闘い，また自然と対峙して，そのなかでくり広げられる活動」[3] であると定義されています。この定義からも，スポーツは競争を楽しみ，自然や記録に挑戦し，それを克服する喜びを活動のプロセスや結果に求めることのできる活動であり，なんらかの手段や道具として役立てる活動以上のものです。トレーニングによって人間の諸能力を発達させ，さらに工夫や考案を重ねて高度な技術やわざを身につけることは，人間性の発達にもなります。スポーツが自己目的的活動であるというのは，このような意味であり，スポーツの文化的性格を特徴づけるものです[4]。ところが，スポーツを文化から除外したり，文化的に不当に扱うことは，スポーツをただその有用性(政治的，経済的などの要因)のみから利用したり，一部の人たちの占有物となったり，スポーツそのものを蔑視することにもつながります。

スポーツを文化として理解することは，スポーツをすべての人のものとし，人びとの生活を豊かにするスポーツの普及・発展にもつながり，スポーツを通して人間性を高めることにもなります。

(三本松正敏)

1) B・マリノウスキー：『文化の科学的理論』，岩波書店1979/作田啓一他：『文化と行動』，培風館，1963/R・リントン：『文化人類学入門』，東京創元社，昭和49年など．
2) 竹内芳郎：『文化の理論のために』，岩波書店，1981．
3) 「Declaration on Sport」, ICSPE, 1968．
4) 三本松正敏：「スポーツの文化システム」，森川・佐伯編『スポーツ社会学講義』，大修館書店，1988．

進路・資格取得

Q6 スポーツ選手の進路・資格にはどんなものがありますか

Aスポーツをつづけていくなかで，だれもが経験する悩みのひとつに，「スポーツと勉学の両立」という問題があります。自分たちのクラブが全国大会をめざすようなレベルであったり，素質に恵まれている選手の場合にはとくに深刻でしょう。プロのスポーツ選手をめざしているような場合でも，人間としての成長を考えると勉学をおろそかにすることはできませんし，プロの選手には，明日の保証がないことを考え合わせるとなおさらのことです。このように，この問題は，みなさんが自分の将来を考えるうえできわめて重要な問題です。

そこでここでは，スポーツ選手の将来の進路と取得可能な資格について述べていきます。

1——スポーツ選手の進路

プロのスポーツ選手になる以外には，スポーツの技能や素質だけで将来の道が開かれるということは，残念ながらありません。プロの選手にしても，スポーツの技能や素質だけでなく，教養や人格的な側面が要求されます。ですから，スポーツ選手にかぎって，特別に優遇されるような進路はないといっても過言ではありません。

得意なスポーツを生かして，将来の生活設計を考える場合には，一般に，体育系の大学や教員養成系の大学に進んで体育教師になるという道があります。そのほか，必要な資格を取得してスポーツのインストラクター，アスレティック・トレーナー，病院や企業のレクリエーション指導者，スポーツ・リハビリテーションの専門技術者，コーチなどの進路が考えられます。

スポーツの普及・発展とともに，スポーツの分野における進路も拡大してきていますが，まだまだ制度的には十分とはいえません。

それでは，次にスポーツやそれに関連する資格についてみておきましょう。

2——スポーツとそれに関連する資格

わが国におけるスポーツに関連する資格は，体育・スポーツの発展にかかわる歴史的背景と密接に関連しており，文部科学省と日本体育協会の主導で進められてきました。また，健康と運動に関連する分野では，厚生労働省が監督官庁になっています。そのほか，レクリエーションに関しては日本レクリエーション協会，種目別の指導者資格については各競技団体と多種多様で一本化されていないというのが現状です。そこで，それらを逐一説明するよりも表に示すことにします。

（三本松正敏）

1) 松尾哲矢「生涯スポーツ社会における指導者システムの再構築」, 厨 監修, 大谷・三本松編『生涯スポーツの社会学』, 学術図書出版社, 1997.

表4 スポーツとそれに関連する資格

指導者の区分	事業を行う組織	認定所管庁
地域スポーツ指導者　　　　　　（初級） （スポーツ指導員）　　　　　　（中級） 　　　　　　　　　　　　　　　（上級）	(財)日本体育協会	文部科学省
競技力向上指導者　　　　　　　（初級） （コーチ）　　　　　　　　　　（中級） 　　　　　　　　　　　　　　　（上級）	(財)日本体育協会	文部科学省
商業スポーツ施設における指導者（初級） （教師）　　　　　　　　　　　（中級） 　　　　　　　　　　　　　　　（上級）	(財)日本体育協会	文部科学省
スポーツプログラマー1種	(財)日本体育協会 (財)日本体育施設協会	文部科学省
スポーツプログラマー2種 （フィットネストレーナー）	(財)日本体育協会 (財)日本健康スポーツ連盟 (財)日本スポーツクラブ協会	文部科学省
レクリエーションに関する指導者	(財)日本レクリエーション協会	文部科学省
少年スポーツ指導者　　　　　　　（2級） 　　　　　　　　　　　　　　　　（1級）	(財)日本体育協会	文部科学省
アスレティックトレーナー アスレティックトレーナー・マスター	(財)日本体育協会	文部科学省
野外活動指導者 （ホステリング・オリエンテーリング・キャンプ・サイクリング）の4種目のディレクター2級/1級	(財)日本レクリエーション協会 (社)日本キャンプ協会 (社)日本オリエンテーリング協会 (財)日本サイクリング協会 (財)日本ユースホステル協会	文部科学省
健康運動指導士	(財)健康・体力づくり事業財団 (財)日本健康スポーツ連盟	厚生労働省
健康運動実践指導者	(財)健康・体力づくり事業財団 (社)日本エアロビック・フィットネス協会	厚生労働省
運動指導担当者 運動実践担当者 スポーツメンタルトレーニング指導士 身体障害者スポーツ指導者 {スポーツ指導員(初・中・上級)/スポーツコーチ} スポーツドクター	中央労働災害防止協会 日本スポーツ心理学会 (財)日本障害者スポーツ協会 (財)日本体育協会 (社)日本整形外科学会 (社)日本医師会	厚生労働省

(スポーツ白書2010, SSF笹川スポーツ財団より引用)

体育協会の役割
体育協会はどんなことをするところですか

体育協会には，日本体育協会，都道府県体育協会，各都道府県の市町村の体育協会があります（図1）。

1——日本体育協会について

わが国のアマチュアスポーツ界の統一組織として，スポーツを振興し，国民の体力の向上とスポーツ精神を養うことを目的とした団体です。明治44 (1911) 年に設立され，オリンピック参加にとどまらず，「国民スポーツの振興」と「国際競技力の向上」を目的としています。今日では，オリンピック関係は日本オリンピック委員会（JOC）が統括するようになっています。

日本体育協会は，21世紀の国民スポーツ振興事業の推進策として，国民体育大会の改善・充実，生涯スポーツの充実・推進，スポーツ指導者育成の充実と活用の促進，スポーツ少年団の充実と

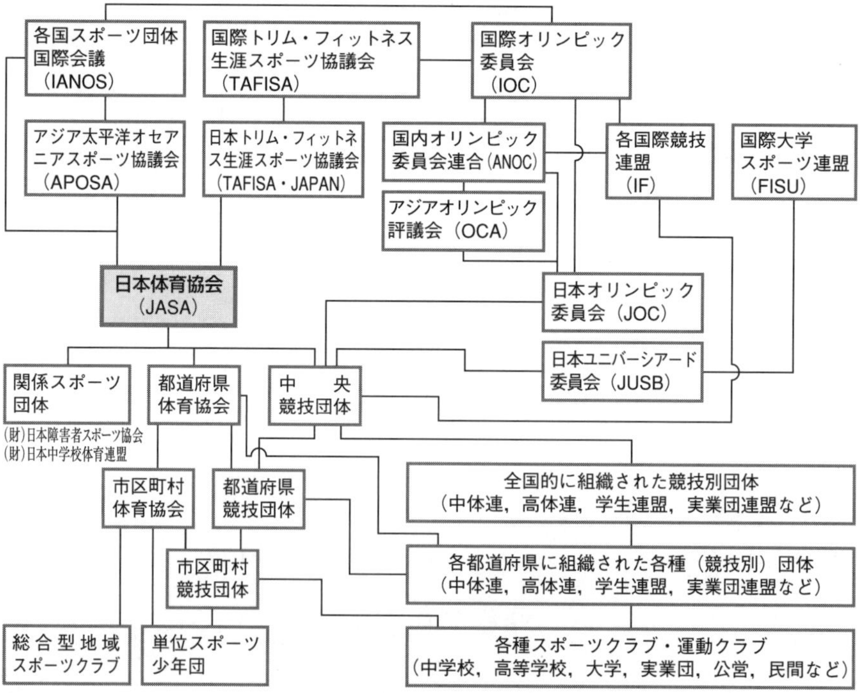

図4 わが国におけるスポーツ界の組織

青少年スポーツの振興，スポーツ医・科学研究の推進，国際スポーツ交流の推進，スポーツ情報システムの整備・拡充，広報・社会貢献活動の推進，スポーツ施設の運営支援の9項目を掲げています。これに55の中央競技団体や都道府県体育協会（中体連，高体連はここに含まれる）など，日本体育協会の加盟団体と連携・協力して，わが国のスポーツ発展の方策を推進しています。
(http://www.japan-sports.or.jp)

2——都道府県体育協会

どの都道府県にも必ず体育協会があります。みなさんが所属する中体連，高体連は学校体育団体として，県体育協会に加盟しています。ここでは，福岡県体育協会（図2）を例として紹介しましょう。

福岡県体育協会は，県内における体育・スポーツの健全な発展に寄与することを目的として，地域体育協会・競技団体・学校団体などの加盟団体の活動に必要な経費の助成を行うなど，県内スポーツ界の競技力の向上と，生涯スポーツの振興に努めています。

ここでは，次のような諸事業を実施しています。

1. 県民の健康・体力の増進とスポーツの生活化をはかり，スポーツ人口の拡大に努める。
2. 加盟競技団体と連携し，競技力の向上をはかる。
3. 学校体育団体と協調し，青少年のスポーツの普及・振興および健全育成に努める。
4. スポーツ少年団の育成強化をはかる。
5. 上記1〜4を推進するための指導者養成に努める。
6. 体育・スポーツの医・科学研究，調査および広報活動，情報サービスを推進する。

（坂口建夫）

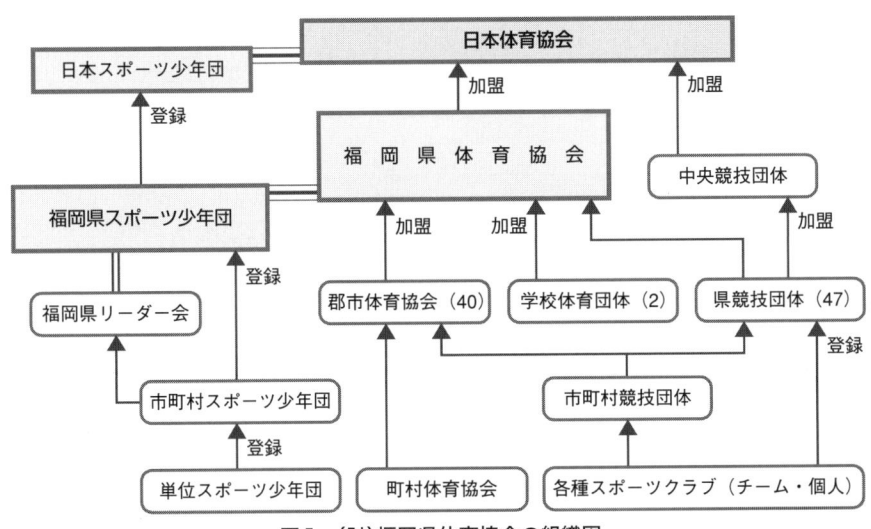

図5　(財)福岡県体育協会の組織図

第2章
わざを磨いて勝つ

1 スポーツに必要なわざ

❶スポーツのわざとは

　スポーツのわざとは，それぞれのスポーツ種目が目的とするものを達成するために，いかにうまく身体を動かすか，そのやり方をいいます。スポーツは，それぞれ目的とするものが異なります。たとえば，サッカー，バスケットボールやハンドボールでは，相手をうまくかわしてシュートするのが目的となり，ボール操作とフットワーク動作などが技術となります。器械運動や体操，ダイビング（飛び込み）では，むずかしい動きを，いかに正確に，美しく表現するかが目的となります。また，野球のピッチングでは，ねらったところにいかに多くの球すじを使って投げるかが目的です。ここでは，正確性やスピード，ボール・コントロールといった投げ方がわざとなるでしょう。

　エネルギーの面から見れば，筋が発生した生理的エネルギーが私たちの骨格を動かし，機械的エネルギーとなります。これに神経系が作用して身体を動かし，スポーツのパフォーマンスが達成されます。技術が未熟だと，筋が大きなエネルギーを出力しても，身体はうまく動作されず，パフォーマンスもうまく達成できません。このように，エネルギーとスポーツパフォーマンスをつなぐのが「わざ（技術）」であると解釈されます。

　また，わざがうまくなると，少ないエネルギーで大きな運動成果が達成されるようになります。すなわち，次式のように効率がぐんとよくなるのです[1]。

$$運動成果 = （効　率）\times（身体資源）$$
$$= （スキル）\int（身体資源）$$

　では，うまい動作とはどんな動作でしょうか。スポーツによっても異なりますが，うまい動作には次のようなものが要求されます。

　正確な動作，巧みな動作，スピーディな動作，力強い動作，美しい動作，しなやかな動作，リズミカルな動作などです。さらに重要なことは，これらの動作を何度くり返しても再現性があり，持続できることです。

　このような動作を確立するには，くり返して練習し，神経系と筋肉系のやりとりのプログラムが自然と働くように自分のなかに完成させなければなりません。このプログラムが確立され，定着することによって，身体がうまくコント

ロールされるようになります。

❷身体のコントロール

動作のコントロールには，次の3つの調整があります[2]。

①力の調整　②空間の調整　③時間の調整

「力の調整」とは，筋がどれくらいの大きさの力を発揮すればよいのか，ということです。「空間の調整」は，どこの筋を使えばよいのか，「時間の調整」は，いつ，どういうタイミングで力を出したらよいのかをさします。

この3つの調整がうまく統合されたときに，目的に合う動作が行われ，よいわざができるようになります。

2　走る・跳ぶ動作のわざ

❶走るわざ

走ることのみを目的とする競技は，100m走からマラソンまでたくさんの種目があります。短距離走はパワー的要素が必要とされ，長距離走はおもに持久性が要求されます。いずれも時間で争われ，走スピードの高い者が勝利を得ることになります。走スピードは，次のように，ストライドとピッチで決まります[3]。

走スピード(m/sec)＝ストライド(m/歩)×ピッチ(歩/sec)

走スピード，ストライド，ピッチの関係において，一般に走スピードは歩幅(ストライド)の増大に依存します。しかし，短距離選手の場合，歩幅は限界に達し，歩数(ピッチ)が増加傾向にあるといわれています[4]。このことから，トップレベルの短距離選手ではピッチを向上させることが重要な技術になります。

また，長距離選手は，ピッチの増加や歩幅の増大に比例して，走スピードが向上します[5]（図1）。

しかし，エネルギー効率の面から見ると，歩幅が大きすぎるとエネルギー消費量は大きくなり，逆に小さすぎても消費量は大きくなります。長い距離を走る場合は，自分に合った歩幅（至適歩幅）を見いだすことが重要になるのは，こうした理由によります[6]（図2）。このためには，腕の振りや着地の技術が要

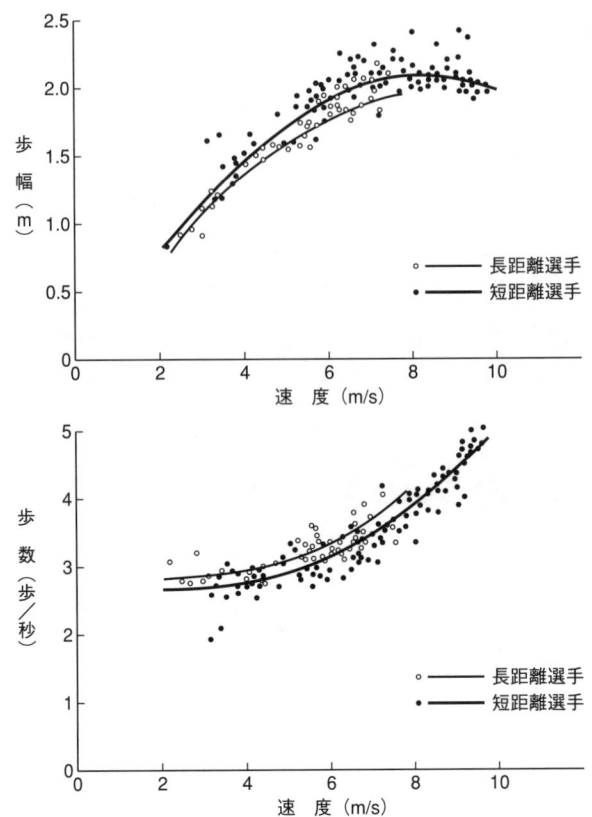

図1 短距離選手と長距離選手のランニング速度と歩幅との関係 (松尾ら, 1981)

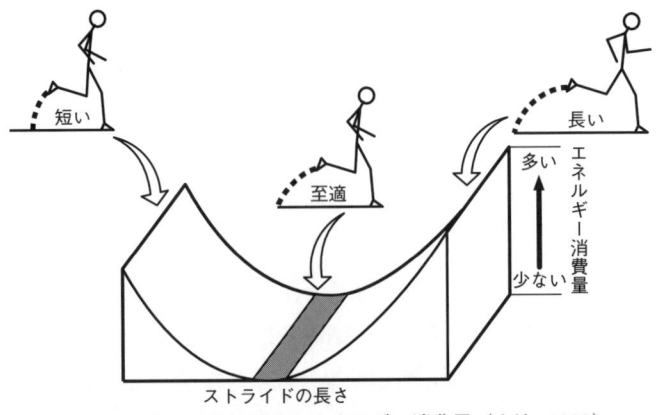

図2 ストライドの長さとエネルギー消費量 (山地, 1983)

求されます。

❷跳ぶわざ

　跳躍の競技は，ほとんどが踏切りで決まるといわれています。助走をともなう場合は，踏切り時の運動エネルギー変換のしかたが重要な技術になります。立ち幅跳びのようにその場で跳ぶ場合は，反動動作のしかたが重要になるでしょう。いずれも，下肢筋群の伸張による弾性エネルギーを利用する動作であり，膝関節の屈曲の深さや，屈曲，伸展の速さが問題となります。また，踏切り時の力の加え方が，踏切り後の重心の飛び出し方向と速度を決定します。

3　投げる・打つ動作のわざ

❶投げるわざ

　投げる目的には，遠くに，正確に，速く投げるなどがあり，これは種目によって異なります。

　遠くに投げる場合は，投げられる物体に大きな運動量を与え，適度な方向（角度）で投げ出されなければなりません。大きな運動量を与えるためには，下半身から上体，腕へとエネルギーがスムーズに伝わるような動作技術が必要です。この場合，順序よく，うまいタイミングで動作しなければなりません。

　正確性を目的とする場合は，最大限に遠くに投げる場合や，最大のスピードで投げる場合とで，その動作は相反することになります。

　全力で投げるときは，正確性に欠けやすくなります。正確に目標に投げるためには，コントロールして投げなければなりません。コントロールには，先に述べたように時間的，空間的，力量的な3つの調整要素があり，これらの要素がうまく組み合わさって動作したとき，はじめて正確に投げることができます。さらに，何度投げても正確に投げられるようにするには，一連の動作を習熟させることが肝要です。スポーツ動作の習得，そして動作の修正をくり返すことで，正確性を身につけることができます。

　いっぽう，速く投げることを目的とする場合は，遠くに投げる場合と同様に，投げる物に大きな運動量を与えることが必要です。このためには，次のような動作が必要です。

①重心の移動（ステップや助走）
②身体の捻転
③身体の鞭のようなしなり
④手首のスナップ

　以上の動作は，準備局面[注]で十分な筋の伸張を行い，そのときの反射的な要素やバネの役割をするエネルギー(弾性エネルギー)を利用することが重要になります。

❷打つわざ

　打つ動作は，投げる動作と同様，スポーツ種目によって異なりますが，打具で打つ場合と素手で打つ場合とに分けられます。共通の目的には，速く打つ，正確に打つ，遠くへ打つ，力強く打つ，コントロールして打つ（ボールにスピンをかける）などがあります。打具で，遠くに，力強く，速く打つためには，投げるのと同様，体重移動やテイクバックでの十分な身体のひねりや伸展動作がともなわなければなりません。

　また，打具で打つ場合も，素手で打つ場合も，打つ動作は基本的には並進運動と回転運動の組み合わせで構成されています[7]。ステップや助走での体重移動が並進運動で，上体や腰のひねり，腕や打具のスイングが回転運動にあたります。これらは並進してから回転する場合と，並進しながら回転する場合とがありますが，いずれもタイミングが重要な技術要素になります。

　さらに，腕や打具でのスイングによる回転運動は，慣性モーメント(回しやすさ，回しにくさ)や角速度（回転速度）が角運動量（回転の運動量）の大きさを決定します。したがって，スイング動作のしかたが問題になります。

4 泳ぐ動作のわざ

　水泳は，水のなかを移動するという特性のために，陸上と異なって大きな水の抵抗を受ける競技です。より速く進むためには，この抵抗に打ち克つ必要が

　注)投げる，打つ動作は1つの動作で目的が達成される非循環運動で，テイクバックやバックスイングは準備局面と呼ばれます。スローイングやダウンスイングは主要局面，フォロースイングは終末局面と呼ばれ，3つの局面に分けられます。

ありますが，速く泳げば泳ぐほど，抵抗もまた大きくなります。しかし，この抵抗は身体の前進をはばむ一方で，推進力をも生み出します。つまり，腕や脚で水に作用することが抗力や揚力を生み，これが推進力となるのです。したがって，推進力の増大は，腕や脚の動作でいかに大きな揚力や抗力を生み出すかがポイントになります。

❶揚力と抗力

さて，推進力はどのようにして生まれるのでしょうか。推進力には，
1）水を後方に押し，その反作用で前方に進む抗力（drag）
2）水流の速さの差による圧力差から前方に進む揚力（lift）
の2つの理論があり，この抗力と揚力は互いに鉛直方向に生じます。

これまでは，できるかぎり長い時間にわたって水を後方に押すことが大きな抗力を生み，その反作用が推進力になると考えられていました。しかし，世界でトップレベルの選手の泳ぎを三次元的に分析した結果，選手はストローク中，後方にまっすぐではなく，外側，内側，下方，上方に手のひらを傾けながらかいていることが明らかになりました[8]。

飛行機の翼を例にあげて揚力を説明すると，図3のようになります。

翼の上方の流れが速く，下方の流れが遅くなると，上と下に圧力差が生まれます。この圧力差は圧力の低いほうに物体を押し上げる働きをし，飛行機を上に持ち上げます。この圧力差によって生じる力が揚力です。大きな揚力や抗力を生むための腕のストロークやキックのしかたが泳ぎの主要な技術になります。

❷抵抗の低減

推進力がいくら大きくても，抵抗が大きければ泳スピードは相殺されてしまいます。水の密度は空気の1,000倍以上であり[9]，抵抗をいかに低減するかが泳ぎの技術でもあります。これは身体が水に対して，進む方向に流線形の姿勢（ストリームライン）をとり，それをいかに長く維持するかが泳ぐ姿勢の技術になります。

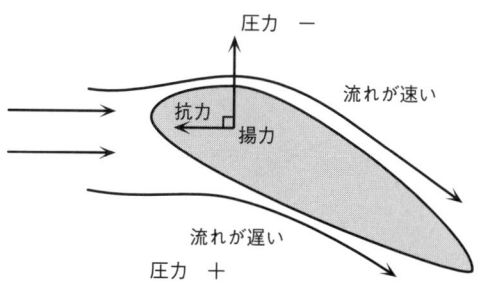

図3 翼による揚力

水泳は身体を動作しながら推進するため，自ら抵抗をつくり出します。この抵抗を自己推進時抵抗と呼びますが，これをできるだけ小さくして泳ぐことが泳スピードを高めることになります。泳ぎながらもつねに前進する方向に対して，いかに身体の占有面積を小さくする姿勢や動作がとれるかが，抵抗の低減につながります。

❸泳スピード変化

水泳は腕，脚，胴体，頭を動かしながら進み，腕，脚の推進局面とリカバリー局面によって，泳スピードが変化します。とくに平泳ぎは，腕，脚のリカバリー局面が水中で行われるため，泳スピードが大きく増減します。このストローク中の泳スピード変化を少なくし，スムーズな泳ぎにする手足の動作のタイミングが，泳ぎの技術になります。これは同時に泳ぎの効率でもあり，長く泳ぐときにはとくに必要になります。

5 回る・滑る動作のわざ

❶回るわざ

回転運動は，身体を動かす場合にかならずともなう運動です。歩行時の腕の振り，腰の回転，脚の振りも回転動作のひとつです。打つ，投げるなどにも回転動作がともないます。

回転には，身体各部の関節を中心に回す場合と身体全体を回転させる場合とがあります。歩行や走行の場合は，左右の腕・脚の回転をつり合わせて動作しています。また，鉄棒の大車輪や空中での回転，水泳の飛び込みの回転などは，身体全体を回転させる競技です。

回転するためには，回転させる力(回転力)が必要です。回転力は力とモーメントアーム(回転軸と力の作用線が直交する点までの長さ)を掛けたものです(図4)。回転力を大きくするには，モーメントアームを大きくするか，力を大きく

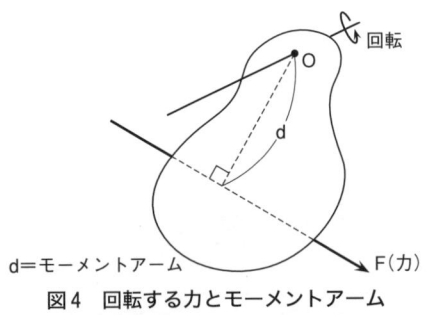

図4 回転する力とモーメントアーム
O点を軸に回転する物の回転力(Fd)

するか，のどちらかです。力を2倍に大きくしても，モーメントアームが1/2になれば回転力は同じになってしまいます。さらには，回転力が小さくなっても回りやすくするには，慣性モーメントを小さくすることです。慣性モーメントは質量と回転半径の2乗を掛け合わせたものです。

　回転の技術は，この回転軸のまわりに質量配分を近くしたり，遠くしたりすることがポイントとなります。すなわち，身体を屈曲したり伸展したりして，回転を容易にしたり困難にしたりするのです。この動作の時間的タイミングもわざとなるでしょう。

　また，打つ，投げる，蹴るなどの動作は，並進運動をともないながら腕や脚の回転動作を行います。体重移動をともないながら腕や脚を振り回すことになります。このような動作は，体重移動と回転の時間的な組み合わせが技術となります。

❷滑るわざ

　滑る技術には，自ら推進力を発揮する種目（スケートが代表的）と受動的な種目（スキーが代表的）があります。スケートの場合は，筋力を発揮して推進力を大きくするような動作が必要になります。さらに，空気抵抗を小さくする姿勢が重要な技術です。また，スキーの場合の筋力発揮は，スケートの場合の推進力よりも，空気抵抗と雪の抵抗に影響されます。さらにいえば，雪の抵抗には雪とスキーの滑走面との摩擦抵抗，および雪をかき分ける除雪抵抗があります。これらの抵抗力は，姿勢を変えることやスキーをうまく操作することにより，抵抗力をコントロールすることができます。抵抗を小さくする動作にポイントがおかれます。

（田口正公）

1) 松井秀治編著：『コーチのためのトレーニングの科学』，p.231，大修館書店，1981.
2) 猪飼道夫編著：『身体運動の生理学』，杏林書院，1973.
3) 金子公宥：『スポーツバイオメカニクス入門』，杏林書院，1994.
4) 小林寛道編著：『走る科学』，p.57，大修館書店，1990.
5) 松尾彰文，福永哲夫：「走運動のエネルギー出力からみた短・長距離選手の特性」，東京大学教養部体育学紀要15, p.47-57, 1981.
6) 山地啓司著：『マラソンの科学』，大修館書店，1983.
7) 平野裕一編著：『打つ科学』，大修館書店，1992.
8) Brown, R. M. and Councilman J. E., The role of lift in propelling Swimmers, Biomechanics Athletic Institute., 1971.
9) マグリシオ著，野村武男，田口正公監訳：『スイミングイーブンファスター』，ベースボールマガジン社，1999.

G1 速く走る方法
速く走る方法を教えてください

A 1——走スピードを構成するもの
総論で述べたように，走スピードは，ストライド(1歩の距離)とピッチ(1秒間の歩数)で構成されます。両方のいずれか，あるいは両方の増大によって，走スピードは高まります。短距離選手の，ストライドによる走スピードの向上には限界があり，ピッチによって走スピードは増大するといわれています。それでは，世界のトップレベルの走者はどのような走り方をしているかを見てみましょう。

第3回世界陸上選手権大会におけるバイオメカニクス研究特別班の分析によると，100m走に入賞した選手のストライドとピッチからみたレースパターンには，以下のような特徴が見られたと報告しています[1]。

①スタートから20m区間では，ピッチの急激な増加とストライドの増加によって速度が増していた。

②20～40m区間は，ピッチが減少するが，ストライドの急激な増加によって疾走速度がさらに増加した。

③40～60m区間は，ふたたびピッチが増加しはじめ，逆にストライドは減少するか，ほぼ一定に保たれた。

④60～80m区間は，ストライドがふたたび増加し，ピッチは徐々に減少しはじめた。

⑤80～100m走区間では，ストライドが増加しつづけ，ピッチが減少する場合と，ストライドは減少するが，ピッチは増加する場合が見られた。

以上のように前半の加速区間はストライド，ピッチの両方が増加しており，後半はストライド増加タイプとピッチ増加タイプに分かれていました。

最終区間にピッチが増加するルイス選手とストライドが増加するバレル選手の例をそれぞれ図5に示しました。

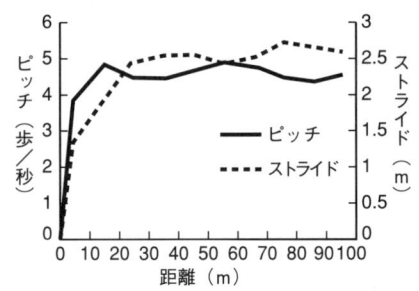

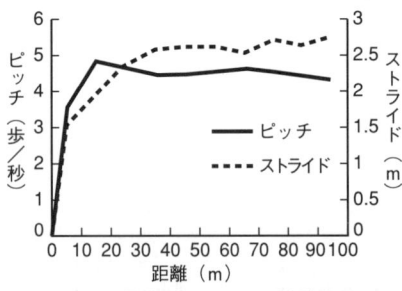

図5 ルイス選手(上)，バレル選手(下)のレースパターン

(第3回世界陸上競技選手権大会バイオメカニクス研究報告書，1994)

2——疾走動作

ストライドやピッチを増加させ疾走速度を高めるため、トップ・スプリンターはどのような動作をしているのか、これも第3回世界陸上選手権の報告からおもな点を見ていくことにします。

脚をスイングする動作で走速度と関係するのは、接地直前の脚の振り戻し速度であったとしています。また、足が接地しているキック期の動作で走速度と関係するのは、股関節(こかんせつ)の伸展動作がもっとも重要です。

また、膝関節を最大に伸展しないで固定するほうが、脚全体の後方スイングには効果的であるという報告をしています[2]。

さらに、ルイス選手とバレル選手のフォーム分析によると[2]、足の接地期のキックでは膝が曲がっているほうがよいとしています。これは、膝を伸展させると、股関節の伸展速度が足のほうへ効率よく伝達されないためと考察しています。

以上のように、トップ・スプリンターの走り方から観察すれば、速く走るためには接地直前の脚の振り戻しを速くすること、そして接地後はすばやく体重を足にのせるようにし、接地後半は膝を大きく伸展しないで、やや屈曲したままキックすることが重要になります。

接地期に膝をやや屈曲し、膝関節を固定ぎみにキックするためには、大腿四頭筋のエキセントリック(伸張性)筋力が必要になってきます。また、脚の振り戻しには大腿二頭筋のコンセントリック(短縮性)筋力およびエキセントリック筋力が必要です。これらの筋力を高めるトレーニングを日常的に行うことが重要なことは、いうまでもありません。

(田口正公)

1) 日本陸上競技連盟強化本部バイオメカニクス研究班編:「世界一流陸上競技者の技術(第3回世界陸上競技選手権大会バイオメカニクス研究班報告)」、ベースボールマガジン社、1994.
2) 伊藤章、斉藤昌久、佐川和則、加藤謙一:「ルイス、バレルと日本トップ選手のキックフォーム」、J. Jour. Sports Sciences Vol. 11, No. 10, p. 604-608, 1992.

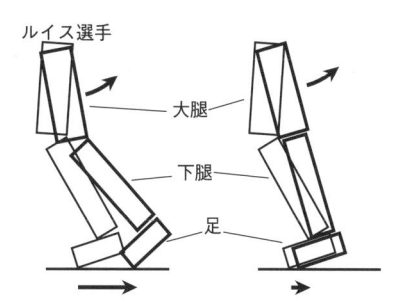

図6 膝の伸展運動がほとんどないルイス選手(左図)と膝の伸展運動をともなう場合の足のスピードの違い(伊藤ら、1992)

図7 短距離選手の疾走フォーム(接地期)

Q2 高く，遠く跳ぶ方法
高く，そして遠くに跳ぶためには，どのような動作が効果的ですか

A　1——高く跳ぶ力学

高く跳ぶためには，地面をしっかりキックして，身体の重心を上げるための運動エネルギーを大きくすることです。運動エネルギーは$1/2mV^2$（$m=$質量，$V=$速度）であらわされます。この運動エネルギーは，跳んだ頂点ですべて高さのエネルギー（位置エネルギー）に変わります。ここで位置エネルギーは，mgh（$m=$質量，$g=$重力加速度，$h=$高さ）であらわされます。そこで，次のような式が成り立ちます。

$$1/2\,mV^2 = mgh$$
$$h = V^2/2g$$

すなわち，重心の跳んだ高さは，地面をキックした直後の重心の上昇速度の2乗に比例しており，この速度によって高さが決定するわけです。重心の上昇速度を高めるには，地面へのキック力を増すことが重要です。

2——走り高跳びの場合
①踏切り

走り高跳びは，図8[1]に示すように，踏切り離地時の重心の高さ（H_1），重心の上昇高（H_2），重心上昇高からバー高を減じた高さ（H_3）に分けてあらわされます[2]。ここでH_1は身長と踏切り離地の姿勢で決定します。H_2は離地後の跳躍高です。H_3はバーからのロスの部分となります。

跳んだ頂点の重心高を100%とした場合，それぞれの高さは，$H_1 = 68.8\%$，$H_2 = 36.3\%$，$H_3 = 5.1\%$となり[2]，H_1がもっとも大きな割合を示しています。これは身長によってほぼ決定しますが，重心上昇の頂点では力学的にはすべて位置エネルギーに変換されることを考えれば，このH_1の高さが高いだけでなく，運動エネルギーを大きくするための速度，すなわち時間的要素が関係してきます。

この離地までの時間が短ければ速度が大きくなり，運動エネルギーが大きくなります。したがって，離地の高さが同じであれば，すばやい踏切りが必要となってきます。

②助走

踏切りで運動エネルギーを大きくし，うまく高さに変換するためには，助走

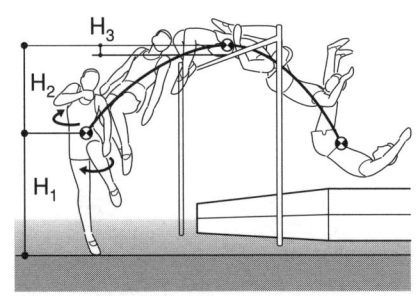

図8　背面跳びの動作図とパフォーマンス構成要素　(Hay, 1973)

のしかたが重要になってきます。走り高跳びの助走は曲線助走をとるのが一般的で，走り幅跳びや三段跳びの直線助走のように速い助走を必要としない特徴があります[1]。

これは助走での速度が高すぎると効率よく身体を垂直方向に変換しにくいためです。曲線助走では遠心力が大きくなるため，これに負けないように踏切り準備局面での身体の内傾動作が必要です。

3——走り幅跳びの場合
①踏切り

走り幅跳びの踏切りは，直線助走の速い速度を生かしながら，跳ぶ水平距離を出すための方向変換の役割を果たします。表1はパウエル選手，ルイス選手，日本の森永選手の走り幅跳びにおける踏切りの重心移動の結果です。

踏切りでの重心の踏切り角は，トップレベルの選手で18〜23度の間であり，踏切りでの水平速度と垂直速度の割合はパウエル選手2.45：1，ルイス選手は3.02：1，森永選手は2.79：1であったと報告されています。個人差はありますが，踏切りでパウエル選手はほかの2人の選手より，やや高めに跳んでいます。また，垂直初速度がほかの2名より大きい値を示しています。

②助走速度

走り幅跳びの助走は直線助走で，助走速度が高いほど遠くへ跳ぶことができます。助走速度と跳躍記録との関係はきわめて高いことが報告されています[1]。表1からもパウエル選手，ルイス選手は，助走速度が11m/秒を超えており，日本選手よりも速い値を示していることがわかるでしょう。したがって，遠くへ跳ぶためには，疾走能力を高めることが重要な要素となってきます。

4——振込み動作・反動動作

腕の振込みや反動動作は高く跳んだり，遠くへ跳ぶために役立っています。腕の振込みを使うと腕の振り上げるエネルギーが体幹に伝わり，高く跳べるようになります[4]。また，反動動作では，バネの効果の項(64頁参照)で述べたように，筋が伸張されたときにエネルギー(弾性エネルギー)が蓄積され，短縮するときにこのエネルギーが利用され，バネ的な役割を果たします。したがって，踏切りで腕の振込みや反動動作をタイミングよく行うことが跳躍の重要な技術になります。

(田口正公)

1) 深代千之編著：『跳ぶ科学』，大修館書店，1994．
2) Hay J.G.: A kinematic look at the jump. Track Teck, 1973.
3) 金子公宥：「改訂スポーツバイオメカニクス入門」，p.48, 杏林書院，1994．
4) 金子公宥：『パワーアップの科学』，朝倉書店．

表1 走り幅跳びの重心移動 (深代ら, 1992)

氏名	助走速度	水平初速度	垂直初速度	跳躍角(度)	最高記録
パウエル	11.00	9.09	3.70	23.1	8.95
ルイス	11.06	9.72	3.22	18.3	8.91
森永	10.42	8.96	3.21	19.7	8.13

(速度：m/秒)

Q3 遠くへ投げる方法
遠くに投げるコツを教えてください

A 遠くへ投げることを競うスポーツ種目には，やり投げ，砲丸投げ，円盤投げ，ハンマー投げがあります。このような投てき競技にかぎらず，球技のなかでも片手，両手で投げる動作は数多くあります。

1── 飛びを決定する要因

遠くへ投げることを目的とした場合，投げる物の飛んだ距離を決定する要因は，投げるときに手から離れた物体の初速と投げる角度（投射角）および手から離れる高さ（投射高）です（図9）。

投げる高さは，投げる人がリリースの技術をある程度習得していれば，ほぼ身長で決定します。また，投げる角度も種目や投げる物によって異なりますが，35～43度くらいの範囲です（表2）[1]。

したがって，遠くへ投げるためには，いかに初速を大きくするかにかかっています。

2── 身体全体を使う

手で物を投げる場合は，身体全体をうまく使って投げることが遠くへ飛ばすコツになります。図10は身体の各部分を制限して投げたときのボールの重さとボールのスピードを示しています。この図から，全身を使い，さらにステップして投げたときに，もっとも投げたボールのスピードが高いことがわかります。

ステップして投げる動作は，競技では頻繁に見られます。このステップは跳躍競技の助走と同様，体重移動による運動エネルギーを体幹から腕そして

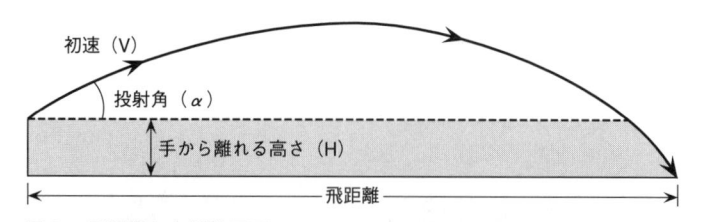

図9 飛距離と力学的要因

表2 投てき種目の投射角 (金子, 1994)

砲丸投げ	約40°
やり投げ	35～40°
ハンマー投げ	43～44°

飛距離の計算法（空気抵抗を無視した場合）

$$飛距離 = \frac{V^2 \sin\alpha}{g}\left(\sin\alpha + \sqrt{\sin^2\alpha + \frac{2gh}{V^2}}\right)$$

g：重力加速度（9.8m/sec²）
α：投射角
v：初速
h：手から離れる高さ

(桜井, 1991)

ボールへと伝え，ボールの初速を高めるのに役立っています。

砲丸投げの場合は，砲丸と腕の持つエネルギーの半分以上が，脚や体幹で発揮されたエネルギーによるものと報告されています[2]。このことからも，投げる場合，腕や上体の動作の重要性が理解されます。

3——身体のむち作用と上体のひねり

ボール投げ，やり投げを観察すると，熟練した選手は身体をむちのようにしならせて投げています（図11）。

投げる動作は，ボールを後方に引く局面の準備動作，投げる局面の主要動作，リリース後の終末動作から成り立っています。

準備動作では上体を十分ひねりながら腕を後方に引き上げ，胸を十分に伸展させます。このとき，体重は後方の足に乗せ，重心が後方にきます。この動作は，上体の前面の筋をとくに伸張させます。主要動作に移行すると体重を前方に移動しながら，上体のひねりを利用して，上体をそらすようにして投げています。打つ動作と同様，筋の伸張によってためこまれた弾性エネルギーを主要動作で利用しながら投げていることになります。さらに，むちのように脚，腰，上体，上肢へとしなり，エネルギーが伝達されることにより，ボールにスピードが加わることになります。すなわち，ひねりと筋を伸張させ，むちのような動作はボールを遠くへ投げるコツとなります。

(田口正公)

1) 金子公宥：『スポーツバイオメカニクス入門』，杏林書院，1994.
2) 桜井伸二：『投げる科学』，大修館書店，1991.
3) 浅見俊雄：『スポーツの科学』，東京大学出版会，1987.

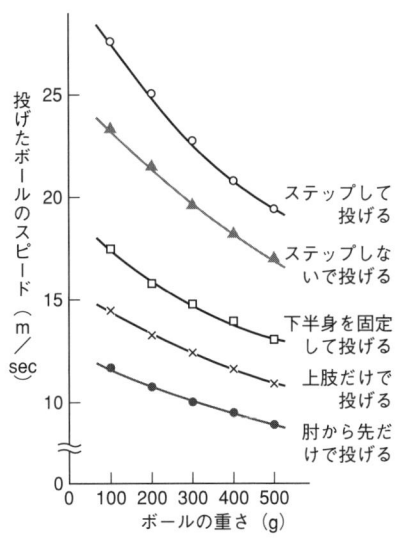

図10 ボール投げの身体各部のかかわり方
(toyoshimaらのを浅見訳, 1987)

図11 野球のピッチング

Q4 パワフルに打つ方法
力の弱い人でもパワフルに打つにはどうしたらよいでしょうか

A 1――パワーと力の関係

野球のバッティングやゴルフを見ていると,体格は大きくなくてもパワフルに打つ人がいます。

パワーは,力と速度を掛けたものです。力と速度の関係は,力が大きければ速度は遅くなり,小さければ速度は速くなります(図12)。

また,パワーと力との関係は,一般的に図13のようになります。大きな力を発揮してもパワーは小さくなります。この最大パワーは,最大筋力のほぼ1/3ぐらいといわれています[1]。したがって,力と速度が適正に発揮されたとき,パワーは最大になります。

2――打つ直前の運動量を大きくする

野球のバッティング,バレーボールのスパイク,テニスのスマッシュなど,ボールを打つ場合には,ボールに大きな運動量を与えることが,ボールにスピードを与えることになります。

運動量は,次のような式になります。

運動量(mV) = 質量(m) × 速度(V)

このことから,速度 (V) を大きくすれば運動量は大きくなり,打った後のボールに勢いがつくことがわかります。

3――打つときに回転しやすくする

バット,ラケット,クラブなどの道具や素手でボールを打つとき,力のない人は「振りまわしやすくすること」がパワフルに打つコツです。これは慣性モーメント (mr^2:質量 (m) に回転半径 (r) の2乗を掛け合わせたもの)が関係します。

慣性モーメントが大きいと,回しにくく大きな力やエネルギーを必要とします。これが小さいと回しやすくなり,少ない力やエネルギーで行うことができます。バットやラケットを少し短く持てば回転中心からの半径が短くなり,スイングしやすくなります。また,バレ

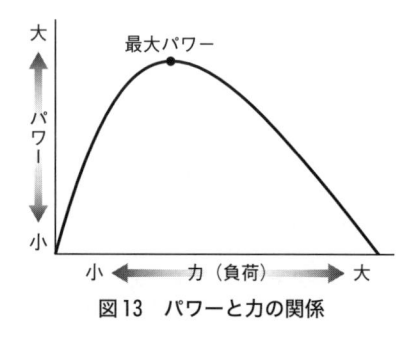

図12 力と速度の関係

図13 パワーと力の関係

ーボールのスパイクなどで，最初にひじを曲げ，腕を回しやすくしてスイングするのはこのためです．

4──身体のひねりと回転を利用する

野球のバッティング，テニスのストローク，ゴルフのショットなど，打つ動作には，つねにバックスイングがともない，腰や肩がひねられます．次に主動作のスイング時，このひねりが開放されながら，腰，肩が回転します．これによる運動量は腕を介して，バットやラケットなどに伝えられます．このひねりや回転が，大きなパワーを生みだす要素になります（図14）[3]．

ただし，ひねりや回転の軸は，スポーツ種目によって異なります．体幹の長軸に一致するものに野球やテニスがあり，テニスのサーブやバレーボールのスパイクなどは水平軸を中心に回転します[4]．この軸を中心にひねりや回転をタイミングよく行うことが，パワフルに，そして正確に打つ動作になります．

5──体重移動を利用する

体重移動を利用することも，パワフルに打つ技術になります．テニス，野球，ゴルフなどは左右の移動，ボクシングや空手などは前後の移動になります．野球，ゴルフの打つ動作は，体重移動が大きすぎると正確性が失われます．体重移動と正確性は相反することもあるので，種目に応じてコントロールして動作することが重要です．

6──打つ主動作は下半身から先行させる

テニスのストローク，ゴルフのスイング，野球のバッティングなど，熟練者の打つ動作をハイスピードビデオで観察すると，主要局面では最初下肢から動作が開始され，順次，腰，上体，腕，最後に用具のほうへ運動が伝導していきます．これを運動伝導と[2]呼び，動きに一定の順序があり，打具のスピードを高める効果があります．　　（田口正公）

1) 金子公宥著：『パワーアップの科学』，朝倉書店．
2) クルト・マイネル著，金子朋友訳：『スポーツ運動学』，大修館書店．
3) 吉福康郎：『スポーツ上達の科学』，講談社，ブルーバックス，1990．
4) 浅見俊雄：「スポーツの打について」，J. J. SPORTS SCI. VOL3, No. 3, 1984, p178-187．

図14　野球のバッティング

Q5 少ない抵抗で泳ぐ方法
水の抵抗を少なくして泳ぐにはどうしたらよいでしょうか

A 水の抵抗は，泳ぐスピードの約2乗に比例して大きくなります。したがって，泳ぐスピードに大きく影響されます。

抵抗は，以下の種類に大別されます。

1——圧力抵抗

圧力抵抗(進むときの姿勢による前と後の圧力差によって生じる抵抗)は，とくに泳ぐときの形状による抵抗が大きく，泳ぐ姿勢が重要です。流線形(ストリームライン)のボディポジションをとれば，前進するとき水中で小さいスペースを占めることになり，圧力差が小さくなって抵抗が少なくなります。

けのび姿勢で前方から2m/秒の速度で引っ張ったときの抵抗は，$10〜13kg^{1)}$ぐらいになります。

したがって，泳ぐ姿勢は図15-aのように水面にできるだけ水平になり，前進に対して流線型をとることが必要で

す。図15-bのように頭や肩が高く，脚が下がる(ハイドロプレーニング)姿勢は抵抗が大きくなります。また，身体の左右への横ゆれも最小限にすることが必要です。

2——造波・造渦抵抗

造波・造渦抵抗(波や渦の抵抗)は，泳ぐときにできる波や渦による抵抗です。泳ぐときは上下肢，頭，胴体が動き，姿勢も変化します。これにより波や渦ができ，自ら抵抗をつくり出して泳いでいることになります。これを自己推進時抵抗（アクティブドラック）と呼んでいます。実験によると，この自己推進時抵抗は最大泳速時に$4.5〜10.5kg^{1)}$ぐらいになります。

波の代表的なものは，前進するとき頭の部分にできる首飾抵抗です。船でいえば船首にできる波です。これは泳スピードの2乗に比例しているので，泳

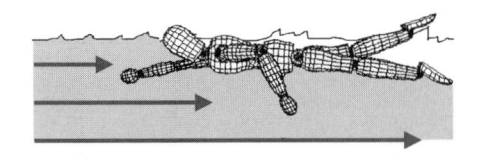

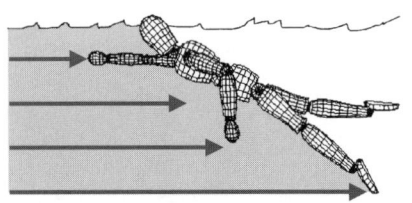

a. ストリームラインの姿勢　　　b. ハイドロプレーニングの姿勢
図15　泳ぐ姿勢(マグリシオより改図)

ぐスピードを少しでも高めると著しく大きくなります。したがって、泳スピードが高まるほど、頭と水面との位置関係に気をつける必要があります。また、手の入水時に水をたたきながら行うと、波が立ち、抵抗が大きくなります。身体のピッチングや過度のローリングも身体のまわりに波を立ててしまいます。バタフライや背泳ぎは、スムーズに指先から入水するようにしましょう。

平泳ぎで腕の前方へのリカバリーの際、手首を水上に出して行うのは、水中でのリカバリーより抵抗を減少させるための方法ですが、手の出水や入水に過度の波を立てないよう注意する必要があります。

ヒトの身体は凹凸になっているため、泳ぐとき凹凸部分に水が入り込み、渦をつくります。とくに平泳ぎのときのリカバリー時に尻の後方には渦ができやすく、前方との圧力差によって後方に引っ張られます。このため、大腿のリカバリーは、タイミングよく、股関節の角度を著しく増大しないよう脚を引きつけることが大切です。

人間が泳ぐときの重心の深さは、水面から20〜30cm[3]のところにあります。この位置は、もっとも水面に波が立ちやすく、抵抗も最大になります(図16)。

図16から抵抗を少なくするには、重心の位置を上げるか、下げるか、であることがわかります。すなわち、潜水するか、上体を浮かすかのどちらかです。

背泳ぎやバタフライで潜水するのは、抵抗を少なくするためであり、理にかなったことです。現在は、ルールで15mまでしか潜水できません。

平泳ぎのウエーブスタイルは、上体をできるだけ浮かすことで重心が水面に近くなり、造波抵抗の減少に結びつきます。

3——摩擦抵抗

摩擦抵抗は、水と接触する皮膚、水着、体毛などにより発生する抵抗です。この抵抗は、形状抵抗や造波抵抗よりきわめて小さく、泳スピードへの影響は少ないようです。最近の水着は、この摩擦抵抗を極力小さくするような素材を使ってつくられています。

また、頭髪や体毛をそることが、記録の向上になるとの研究報告がいくつかあります。これは物理的な側面より、皮膚感覚や生理的側面が関与しているようです[2]。

(田口正公)

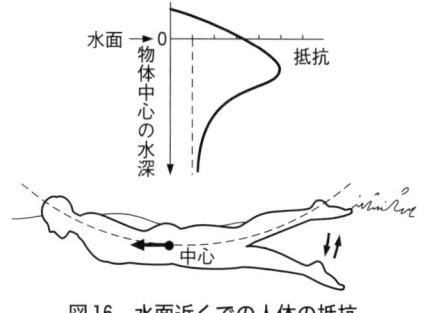

図16 水面近くでの人体の抵抗
(髙木, 1983)

1) 下永田修二, 田口正公:「クロール泳におけるActive Dragの定量化の試み」, 福岡大学体育学研究第28巻, 第2号, 1998.
2) マグリシオ著, 野村武男, 田口正公監訳:『スイミングイーブンファスター』, ベースボールマガジン社, 1999.
3) 髙木隆司:『スポーツの力学』, 講談社, ブルーバックス, 1983.

推進力と腕の動作

Q6 推進力を大きくする腕の動作はどうすればよいでしょうか

A　1──推進力

　泳ぐときの推進力は，腕と脚の動作により生まれます。優秀な選手は，クロールの全体泳に対して腕が91.3%，脚が60.4%のスピード比率であることが報告されています。また，クロールの推進力は，大学トップ選手が14kg以上であるとの報告もあります。平均的な大学選手は12〜14kgです。平泳ぎは4泳法中，この推進力がもっとも大きく，全体泳で22.7kgに達するといわれています。このようにクロールは比較的推進力が小さい値ですが，左右交互のストロークでスピード変化が4泳法中，もっとも小さいため抵抗も少なく，結果として泳スピードが高くなります。

　いっぽう，平泳ぎの最大推進力はほかの種目より大きい値ですが，脚のリカバリー時にスピードが大きく落ち込むため，全体の泳スピードが小さくなります。したがって，平泳ぎでは出力した推進力を泳スピードに結びつけるためには，脚のリカバリー時にいかに抵抗を少なくし，泳スピードの低下をおさえるかが大きな技術的ポイントとなります。

　ウエーブスタイルの平泳ぎはヒップをやや下げ，脚をリカバリーするときに大腿と上体でつくる角度（股関節角度）を大きくし，大腿部の抵抗を減少させるために考案された泳法です。

　図17はマグリシオ[1]が示した，平泳ぎのスタイル別泳スピード変化グラフです。

2──手のかき

　手のかきも飛行機の翼と同様に説明

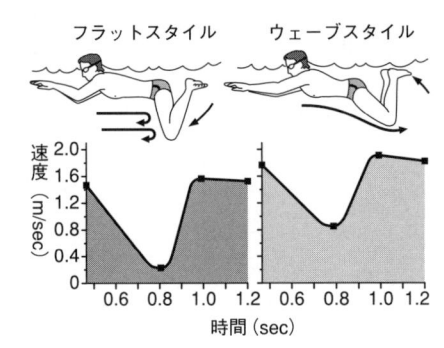

図17　平泳ぎのスタイル別泳スピード変化
（マグリシオ，1999）

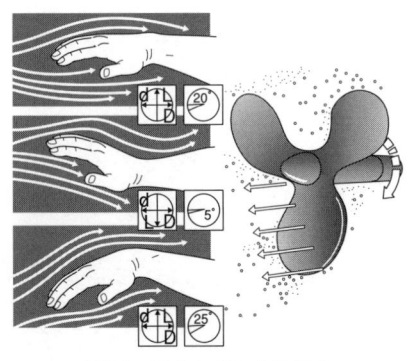

図18　手のかきによる揚力
（ウイルキー，1986）

されます。

図18[2)]のように手の甲側は丸くなり、この上を通過する水の流れは加速されます。手の内側は水の流れが遅くなり、手のひらの内と外に圧力差が生じ、揚力が生じます。これは船のスクリューのような効果があり、効率的に物体を圧力の低いほうに動かします。

このように、揚力を大きくして、推進力を高めるには、水に対し適切な手のひらの角度(迎角)でスイープすることが重要です。理論的には、手の迎角は図19に示すように手のかく方向に40度ぐらいで揚力が最大になります。この適切な迎角は練習中、手のひらの角度をいろいろ変えて泳ぎ、ストローク長とストローク頻度を算出して、見つけるようにします。

すなわち、同じ記録でストローク頻度の少ないストローク、またはストローク頻度が同じでも記録がよいほうが至適ストロークといえます。

バタフライでは、入水後のアウトスイープから水をキャッチし、その後のインスイープ、アップスイープで推進力が大きくなります。このインスイープ、アップスイープでの手の迎角が重要となります。

クロールでは、入水後のダウンスイープ終了からキャッチに移行し、その後のインスイープ、アップスイープが推進力発揮局面です。

背泳ぎでは、入水後、最初のダウンスイープからキャッチに移行し、その後の第1アップスイープ、第2ダウンスイープが推進力となり、この手のひらの迎角とかく方向が重要です。

平泳ぎではアウトスイープ後のインスイープが手の推進力となり、このときの手のひらの迎角が重要となります。

いずれにせよ、手のかきの方向に対して、手のひらが40度ぐらいというイメージで、インスイープ、アップスイープすることが大切と考えられます。

また、水中ストロークで手のまわりに泡が立つと推進力を減少させます。この泡は、手のひらによって、空気を取り込んで入水することと、手の迎角の不適切さが原因で生じます。入水も指先から正しく行いましょう。正しいスイープの練習は、種々のスカーリング・ドリルでマスターしましょう。

(田口正公)

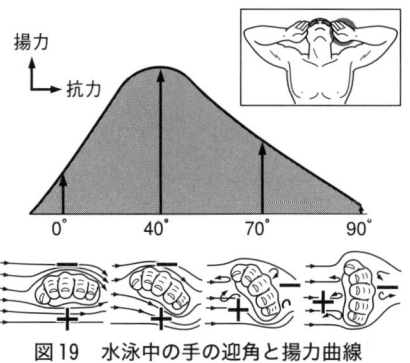

図19 水泳中の手の迎角と揚力曲線
(マグリシオ, 1999)

1) マグリシオ著, 野村武男, 田口正公監訳:『スイミングイーブンファスター』, ベースボールマガジン社, 1999.
2) David Wilkie and Kelvin Juba : The hand-book of swimming Pelham books London 1986.

Q7 滑走時の推進力
滑るときの推進力を高めるポイントを教えてください

A 滑る競技は、おもに氷上を滑るスケートと雪上を滑るスキーに大別されます。

1——スケートの推進力(ストレート滑走)

スケートの推進力は、氷に力が作用したときの反力によって生まれます。この力は脚のキック力によるものです。氷上を滑るときは、氷の摩擦抵抗がきわめて小さいため、走るときのように後方にキックしても推進力にはならず、重心の進行方向に対して垂直な側方(F_1)にキックして推進力を得なければなりません(図20)[1]。

そのぶんの力F_2がスケートの進行方向への推進力となります。すなわち、キックしながらスケートも滑ることになります。このとき逆足のスケートに乗り、重心が前方に進みます。

この重心の動きは、両脚での支持期(斜線)から片脚での支持期の前半に上昇し、片脚支持期の後半に下降します(図21)[2]。

この下降は、重心のもつ位置エネルギーが運動エネルギーに変換されることによって加速度を生み出すといわれています[2]。

このようにスケートの前進推進力は、下肢のキック力と重心の位置変化により生み出されています。したがって、キックの方向と強さおよび身体の前傾が重要になってくるわけです。

2——スキーの推進力

雪の斜面でスキーを滑っているときの推進力は、地球の引力(重力)であり、地球の中心に引っ張られる力です。

この重力は人を含めた物体のあらゆ

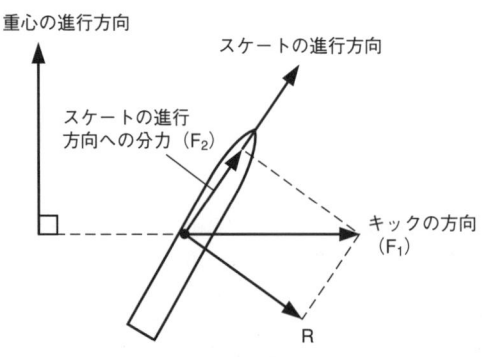

図20 スケートのキックの方向 (金子, 1994)

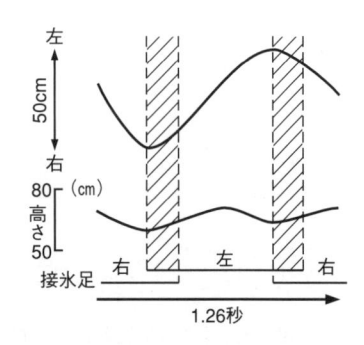

図21 身体重心位置の変化 (吉岡, 1983)

るところに作用していますが、ひとつにまとめた点に作用すると考えたところが重心です。この重心が斜面に引っ張られることによって「滑る」ことになります。

スキーがほかの陸上運動やスケートと異なる点は、外力が推進力になることです。すなわち、斜面の高いところでは高い位置エネルギーをもち、これは運動エネルギーに変換されて滑ります。斜面が急になるほど推進力は大きくなります（図22）[3]。

この推進力に対して、スキーは雪面との摩擦による抵抗力と空気抵抗力があります。空気による抵抗力は滑る速度の2乗に比例して大きくなります。

また、摩擦抵抗力は、雪質や板の状態、斜度によって変わってきます。推進力、摩擦、抵抗力、空気抵抗は参考枠のなかに記しました[4]。

したがって、スキーで滑るための大きな推進力を得るためには、斜度を大きくすることと、抵抗力を小さくすることです。抵抗力を小さくするためには、前方投影面積を小さく（身体を丸めて小さく）し、空気抵抗が少ない姿勢をとります。

このような膝と腰を曲げしゃがんだ姿勢をとると、膝を軽く曲げたスキーの基本姿勢より、大腿四頭筋にかかる力は3倍になります。さらに腰を後方に引くと5倍になるといわれています[4]。このような低い姿勢をとると、大腿に負担がかかります。大腿の筋力を強化する必要性はいうまでもありません。

（田口正公）

1) 金子公宥：『スポーツバイオメカニクス』，杏林書院，p. 82, 1994.
2) 吉岡伸彦：「身体重心の位置変化からみたスピードスケートのストレート滑走」，体育の科学，Vol. 33, p. 913-917, 1983.
3) 奥田英二：『スキーの上達の科学』，講談社，ブルーバックス，1986.
4) 石井清一，菅原誠，武藤芳照編：『スキーの医学』，(スキーのバイオメカニクス，小林規)，南江堂，1995.

図22 滑らせる力（奥田，1986）

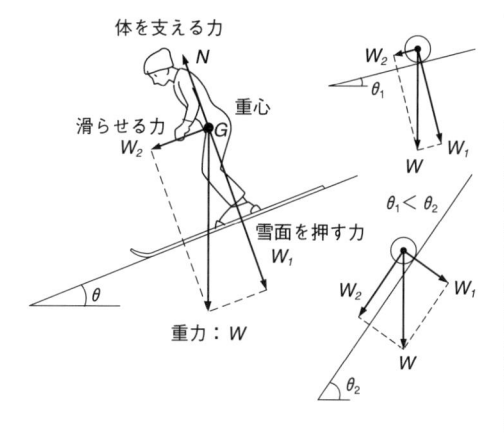

滑らせる力（W_2）は斜度（θ）が急になるほど大きくなる

推進力 $(F_x) = mg \sin \alpha$
摩擦抵抗力 $(F_f) = \mu mg \cos \alpha$
空気抵抗力 $(F_d) = 1/2 PCdSd u^2$

m ：スキーとスキーヤー系の質量
u ：任意の時刻tにおける系の速度
Cd：空気抵抗係数
Sd：前方投影面積
g ：重力加速度
p ：空気の密度
μ ：雪面とスキー板の間の動摩擦係数
α ：斜面の勾配

（小林　規，1995）

Q8 速く回る方法
速く回るためにはどのような動作がよいでしょうか

A 自らの身体を回転させて競う競技には，体操競技，新体操，フィギュアスケート，水泳の飛び込み競技，競泳のターンなどがあります。そのほかにパフォーマンスを高めるための準備動作として行う回転運動(砲丸投げ，円盤投げ，ハンマー投げ)があります。いずれもダイナミックに回る，あるいは速く回ることが課題となります。

1──回転しやすくする

身体を回転する場合，腰や膝を曲げて丸くなって回っています。これは，回転軸に質量を近づけて，慣性モーメントを小さくして回転させていることになります。すなわち，身体を回しやすくしています。

慣性モーメント(mr^2：質量×回転半径^2)とは，パワフルに打つ方法の項(36頁)でも説明しましたが，回転しやすさ，しにくさをあらわす力学用語です。すなわち，慣性モーメントが大きいと回転しにくく，小さいと回転しやすくなります。

フィギュアスケートのスピンを見ていると，最初は両腕と片脚を広げて回転し，次に腕を胸の前や腰の横にたたんで速く回転し，最後にはふたたび腕を横に開いて動作し回転を終えています(図23-a，図23-b)。

このように動作を変えることで，なぜ回転の速さを変えることができるのでしょうか。これは「角運動量保存則」から説明されます。

2──角運動量保存則

角運動量は，慣性モーメントと角速度を掛けたものです。これは回転運動における運動量[4]のことをさします。

図23 フィギュアスケートのスピン

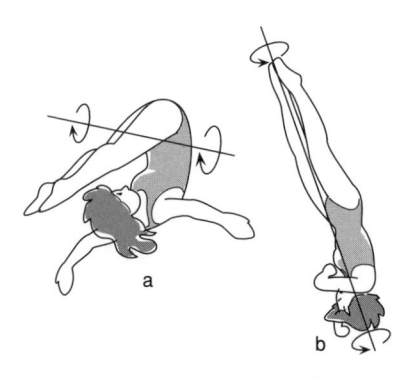

図24 飛び込みの回転

図23-aのように腕や脚を開いて回転しているときの角運動量は、$I_a \omega_a$（I：慣性モーメント、ω：角速度）であらわされます。

図23-bのように腕や脚を閉じて回転しているときの角運動量は、$I_b \omega_b$であらわされます[3]。回転するときの氷の摩擦や空気抵抗を無視すると、角運動量は保存されるので$I_a \omega_a = I_b \omega_b$となります。図23-bのような動作に移行すると$I_b$（慣性モーメント）が小さくなるので、$\omega_b$が大きくならないと両方が等しくなりません。したがって、回転の速度（角速度）が速くなります。逆に腕、脚を広げると角速度が遅くなり、回転力を加えないかぎり最後は止まってしまうことになります。

すなわち、体操や飛び込み、水泳のターンで膝を抱え込む動作で回転すると、速く回れることになります。鉄棒の蹴上がりでは、鉄棒に身体を近づければ容易に速く上がることができます。

また、テニス、ゴルフ、バッティングなど、腰の回転をともなうスイングで腰の回転を容易に速くするためには、腕や用具を回転軸に近づける（身体に近づける）と慣性モーメントを小さくすることができます（図25、図26）。走る場合に脚の回転（ピッチ）をあげるためには、膝を曲げて脚を前にもっていくことが大切です。さらにこのとき、ひじを曲げて腕を前後に振ると走りやすくなります。

逆に、腕を広げたり、脚（膝）や腰を伸ばしたりすると、回転しにくくなり、やがて回転が止まってしまいます。動作の終わりで腕や腰を大きく伸ばすことは、それまでの回転をいち早く止め、次の動作へ移る技術にもなります。

(田口正公)

1) 吉福康郎：『スポーツ上達の科学』、講談社、ブルーバックス、1990.
2) 八木一正：『スポーツ上達の力学』、大河出版、1996.
3) 松井秀治編著：『コーチのためのトレーニングの科学』、大修館書店、1981.
4) 金子公宥：『スポーツバイオメカニクス入門』、杏林書院、1994.

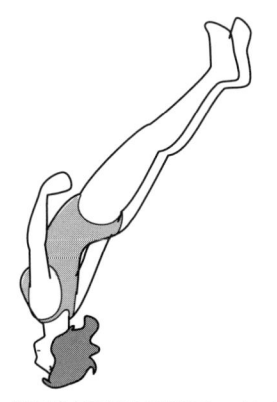

図25　伸身後方宙返り（慣性モーメント大）

図26　抱え込み後方宙返り（慣性モーメント小）

Q9 ウォーミング・アップの方法
ウォーミング・アップのしかたを教えてください

　練習時や試合時のケガを予防し、よい成績をあげるためには、ウォーミング・アップは欠かせないものです。ウォーミング・アップとは、その名が示すように、体温（筋温）を高めることを目的として行う準備運動のことですが、一般的には、ウォーキングやジョギングをした後に、ラジオ体操に代表される体操やストレッチングなどが行われているのが現状です。

　しかし、ウォーミング・アップは体温（筋温）を高めるだけが目的ではなく、そのほかにもいくつかの目的があります。

1──ウォーミング・アップの目的
　ウォーミング・アップの目的を運動面からみると、次のようになります。
①運動時の身体機能を徐々に高め、能力を最大限に発揮できる状態をつくること。
②障害面からみると、十分なウォーミング・アップを行うことによって障害の発生、再発の予防につなげること。
③心理面からみると、これから行うスポーツまたは運動に対する精神的準備をうながし、適度な興奮状態に導くこと。
④技術面からみると、ウォーミング・アップのなかにそれぞれのスポーツと関連の深い動きを取り入れることによって、スムーズに練習やゲームに移行できるように準備すること。

　現在、ストレッチングは、ウォーミング・アップのなかで重要な位置を占めており、事実、多くのスポーツの現場ではウォーミング・アップの手段として取り入れられています。

2──ストレッチングの効果
　ここで注意しなければならないのは、ストレッチングには、体温（筋温）の上昇、心拍数や筋肉中の血流量を増加させるという、文字どおり「身体をあたためる」という作用はほとんどないという点です。

　ストレッチングの効果としては、
①障害の予防
②疲労の緩和
③動作の円滑化
④柔軟性の向上
⑤リラクセーション
などがあげられます。

　また、ストレッチングには、反動をつけずに行う静的ストレッチングと、多少の反動をつけて行う動的ストレッチングがあります。前者は文字どおり動きのないストレッチングであり、筋肉が縮む反射を誘発しないようにすることがポイントとなります。後者はとくに筋肉などに対する引き伸ばしのスト

レスが大きく、危険であるとされてきました。これは、筋肉が急に引き伸ばされると、自動的に縮む反射(伸張反射)が引き起こされ、この反射が起きているにもかかわらず筋肉を伸ばそうとすると、筋肉、腱などを痛める恐れがあるからです。

しかし、スポーツ活動に必要な最大筋力を発揮するには、伸張反射は必要であり、むしろ、いかに伸張反射を誘発するかがパフォーマンスの向上のカギを握っているといえます。また、静的ストレッチングを行うだけでは、身体は運動にフィットした状態にはならないのです。

このように考えると、いちがいに動的ストレッチングを否定するのでなく、危険性を排除したうえでこれを積極的に取り入れるべきではないかと思われます。とくにウォーミング・アップの後半においては、適切にプログラムされた動的ストレッチングは有効と思われます。サッカーにおける、リズム体操と動的ストレッチングを組み合わせた「ブラジル体操」は、そのよい一例といえます。

したがって、ウォーミング・アップの具体的な方法は、次のようになります。
① ウォーキングやジョギングをして、筋肉の温度を上げる。
② 静的ストレッチングを行う。
③ 動的ストレッチングを行う。
④ これから実際に行うスポーツ動作を行う。　　　　　(渡辺和己, 鈴木康信)

1)『アスレティックトレーナーのためのスポーツ医学』, 文光堂.

図27　股関節の動的ストレッチング

第3章 身体をきたえて勝つ

1 スポーツ選手に必要な体力

スポーツでよい結果を出すためには,身体をきたえたり,心をきたえたりしなければなりませんが,これをもう少し具体的に分析すると,①スポーツ技術のトレーニング(わざ),②体力のトレーニング(身体),③精神力(心)のトレーニングの3つに大別されます。

このうち,スポーツ選手にとくに必要な体力は行動体力といわれるもので,スポーツの行動を起こさせたり,持続させたり,調節したりする能力からなっています(表1)。

また,このなかで行動を起こす能力は,運動行動を力強くすばやく行う能力のことで,筋肉が縮むときの力の大きさやスピードと密接な関係があり,筋力や瞬発力といわれるものです。

行動を持続する能力は,運動行動を長くねばり強くつづける能力のことで,筋肉の種類や心臓・血管・肺の働きと密接な関係があり,筋持久力や全身持久力といわれるものです。

行動を調整する能力は,運動のうまさを左右するもので,神経機能と密接な関係があり,調整力(敏捷性,平衡性)と柔軟性に分けられています。

一般のスポーツ種目は,体力に関していえば,この3つの要素が組み合わさって成り立っています。たとえば,相撲や柔道は,筋力とか瞬発力という体力要素がもっとも必要であり,長距離走やマラソンでは持久力,なかでも全身持久力という要素が重要です。また,体操競技では,筋力や瞬発力に加えて,調整力や柔軟性がとくに重要になります。

表1 スポーツ選手に必要な体力

①	行動を起こす能力	筋力,瞬発力
②	行動を持続する能力	筋持久力,全身持久力
③	行動を調節する能力	調整力(敏捷性,平衡性),柔軟性

2 体力トレーニングの原理・原則

　体力トレーニングを進めていくには，以下の7つの原則にしたがって行うことが大切です。

❶過負荷(オーバーロード)の原則

　トレーニング効果は，日常生活で受ける負荷(刺激)より弱い負荷では得ることができないので，トレーニングは，その目的に応じた適切な強さの負荷で行わなければならないという原則です。つまり，あまりにも軽い重量でウエイト・トレーニングを行っても，筋肉は太くなりませんし，あまりにも遅いスピードで短時間ジョギングを行っても，持久力は向上しません。また，筋肉が伸びた感じがしない程度のストレッチでは，柔軟性は向上しません。

　ただし，負荷が強すぎると，トレーニング効果が得られるどころか，逆にケガを引き起こす危険性があるので，負荷の設定には注意が必要です。

❷特異性の原則

　トレーニング効果は，トレーニングを行った運動様式(動きや動作)にしかあらわれないので，トレーニングは，その目的とする動作に近い形で行わなければならないという原則です。たとえば，持久力を向上させるために，サッカーでは長い距離のダッシュとジョギングを組み合わせたトレーニングが必要であり，バスケットボールでは短い距離のダッシュと短時間の休息とを組み合わせたトレーニングが必要です。

　ウエイト・トレーニングを行う場合，柔道のような引く動作の多い競技では，引く筋肉を使う種目を中心に行います。また，動作のスピードも，速さが求められる種目ではできるだけ速く動かすことを意識して行います。目的とする運動とまったく異なる運動様式でトレーニングを行うと，トレーニング効果が得られないだけでなく，運動能力を低下させてしまう可能性があります。

❸全面性の原則

　体力要素の一部分のみをきたえるのではなく，筋力，持久力，柔軟性などを全面的にバランスよくトレーニングしなくてはならないという原則です。たとえば，ラグビーのフォワードの選手は強い筋力が必要ですが，ウエイト・トレーニングだけを行い，ストレッチングを行わなければ，柔軟性がないことによ

るケガの危険性が高まります。

　また，持久力トレーニングを行わなければ試合の後半にバテてしまい，せっかくウエイト・トレーニングで向上させた大きな筋力を発揮することができなくなってしまいます。体力要素を全面的にトレーニングしないと，トレーニングによって向上した体力を，競技にうまく生かすことができません。

❹意識性の原則

　トレーニングは，その目的や意義，そして正しい方法を理解したうえで行わなければならないという原則です。たとえば，身体接触の多い競技の選手が，ケガの予防に役立つと考えて自らすすんでウエイト・トレーニングを行うのと，ただやらされて行うのではトレーニング効果が違います。また，使っている筋肉，たとえば上腕二頭筋(力こぶをつくる筋肉)を自分で意識してアームカールを行ったほうが，ただ腕を曲げたり伸ばしたりしているよりも，同じ重さでトレーニングを行ったとしても，前者のほうが筋力は向上します。目的や意義を意識して行わないと，トレーニングの効率が悪くなります。

❺漸進性の原則

　トレーニングを進めていくと体力は向上していくので，トレーニングの負荷(量や質)を，体力レベルの向上とともに高めていかなければならないという原則です。たとえば，20kgの重さでウエイト・トレーニングを行っていて，最初10回しか持ち上げられなかったのが，13回持ち上げられるようになったとします。この場合，このままの負荷でトレーニングをつづけていても筋力は向上しないので，負荷を上げなくてはいけません。そして，その負荷に身体がなれたら，また負荷を上げるということをくり返す必要があります。

　持久力トレーニングについても，目標タイムをクリアできたら，タイム設定を上げるようにします。トレーニング負荷が，つねに過負荷になるように高くしていかないと，体力レベルは停滞してしまいます。

❻継続性・反復性の原則

　トレーニング効果は，くり返し行うことで得られるので，トレーニングは規則的に，長期間，継続して行わなければならないという原則です。たとえば，1回だけウエイト・トレーニングを行っても，いきなり筋力は向上しません。適切な回復期間をはさんでトレーニングを定期的に行い，それを数か月つづけ

てはじめて効果があらわれます。

❼個別性の原則

トレーニングは，身長・体重などの形態的な違いや，体力的な個人差を考慮してプログラムを立てなければならないという原則です。たとえば，1,500mを5分で走れる人と6分かかってしまう人では，持久力のトレーニングを行う場合に，タイム設定を変えなければいけません。また，20kgのバーベルを持ち上げられる人と，25kgを持ち上げられる人では，ウエイト・トレーニングを行う場合，重量設定を変えなければいけません。個人差を考慮しないプログラムでは，負荷が楽すぎてトレーニング効果が得られなかったり，またきつすぎてケガを引き起こしたりする危険性も出てきます。

3 トレーニング効果

トレーニング効果は，運動刺激に対して身体が慣れること(適応)によってもたらされます。運動を行うと大なり小なり疲労が起こり，身体の働きは一時的に低下しますが，休養をとると，疲労がとれて身体はだんだん回復していき，一時的に運動開始前の水準より向上するといわれています。これを超回復とよびます(図1)。

超回復は運動刺激が弱ければ小さな超回復が起こり，運動刺激が強ければ，大きな超回復が起こりますが，回復に時間がかかります。

また，運動刺激を与える間隔が長すぎると，超回復の効果が消えて，トレーニング効果は起こりませんし，刺激の間隔が短すぎて，不完全な回復で次の刺

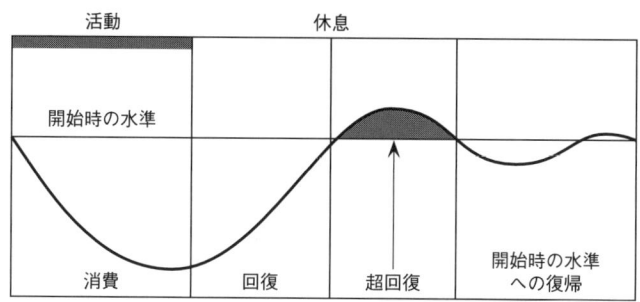

図1 トレーニング時と休息時における活動能力の変化
(オゾーリンとロマノフ，1966)

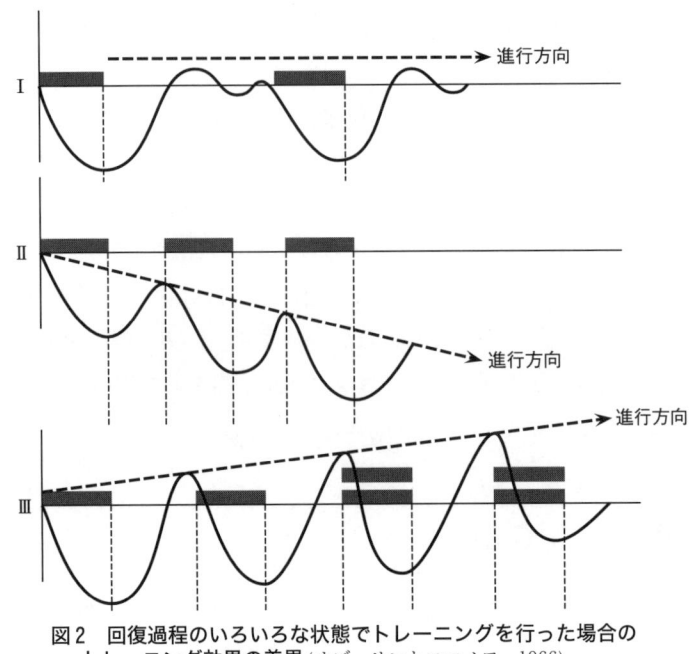

**図2　回復過程のいろいろな状態でトレーニングを行った場合の
トレーニング効果の差異**(オゾーリンとロマノフ, 1966)

激を与えると, からだの働きは低下していきます。トレーニング効果を積み重ねるには, 超回復の状態のときに, 次の運動刺激を与える必要があります(図2)。

　タイミングよく超回復の起こった時点で, 運動刺激を与えるには, トレーニングの目的, 内容, 体調などを毎日記録して(トレーニング日誌の作成), 経験を積み重ねていくことも大切になってきます。

4　体力トレーニングの注意点

　中・高校生のみなさんの多くは, 発育の途中ですから, 専門的な体力づくりよりも基礎的な体力づくりを中心としたトレーニングを行うべきです。
　しかし, 発育には早い人と遅い人があるので, 一様に同じトレーニングを行う必要はありません。専門的な体力づくりをはじめてもよいかどうかを見きわめるめやすとして, 身長の1年ごとの伸びを調べることをすすめます。小・中・

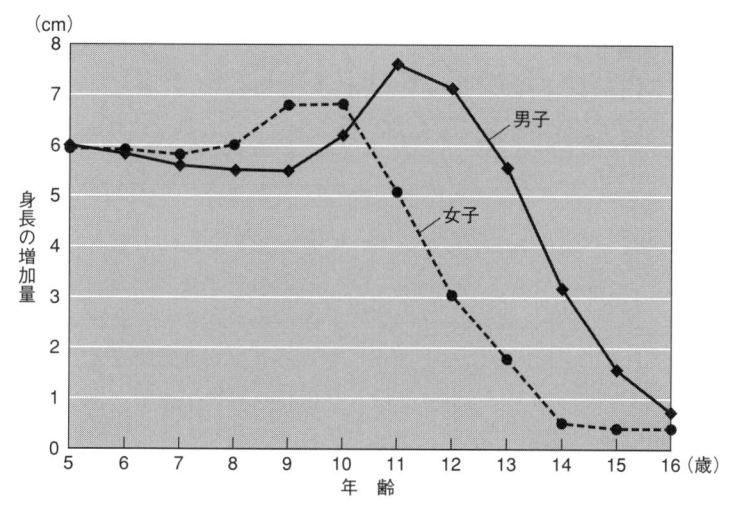

図3 年齢別身長年間増加量の全国平均値(平成12年度学校保健統計調査速報より)

　高校では，春先に身長や体重の測定が行われますが，その記録を出してきてください。そして，1年間で何cm身長が伸びたかを，各年齢(学年)ごとに調べてみましょう。図3は，文部科学省の平成12年度学校保健統計調査速報の全国平均値をもとにして，年齢別身長年間増加量を男・女別に示したものです。一般的に男子よりも女子のほうが，身長の伸びは早く終了します。

　男女とも身長の伸びが1cm未満になってきたら，骨の発育もそろそろ終わりで，大人の骨に近づいてきた証拠ですから，筋力アップトレーニングを含めた専門的な体力トレーニングをはじめてもよい時期にきているといえます。

　ただし，いまだに身長が1年間に4～5cmくらい伸びつづけている人は，骨の成長がまだ活発ですから，重い負荷を利用した筋力トレーニングやジャンプトレーニング，あるいは舗装してあるかたい道路での長時間のトレーニングは，控えるようにしましょう。

　その代わりに，基礎的な体力づくりをねらいとしたいろいろな種類のスポーツをふだんのトレーニングやオフシーズンのトレーニングのなかに積極的に取り入れてください。

(森山善彦)

1) T. O. Bompa 著，魚住廣信訳：『スポーツトレーニング』，メディカル葵出版，1988.
2) 森谷・根本編：『スポーツ生理学』，朝倉書店, 1994.

Q1 発育期の体力トレーニング
発育期における体力トレーニングの注意点を教えてください

A 成長期である中・高校生は，大人にくらべて身体が小さいだけでなく，大人と違った身体の特徴をもっています。

1──発育期の身体的特徴

とくに骨や筋肉，関節などが未成熟なため，ひじょうに弱い構造になっています。成長期の骨は，成長の止まった大人の骨とは違い，軟骨の部分や成長線(骨端線，骨の細胞が分裂して伸びるところ)が残っており，水分も多く含んでいるため，柔軟性はあるもののひじょうに弱い状態です(図4)。

また，筋肉は疲労が生じやすく，関節がやわらかいため，骨や関節に衝撃を受けやすくなっています。このような時期に，同じ動作のくり返しをやりすぎたり，長い距離を走りすぎたり，重い負荷を用いたウエイト・トレーニングをやりすぎたりすると，関節を痛めてしまうことがあります。

筋肉の発達は，性ホルモンの分泌量と関連があるといわれています。筋力トレーニングを効率よく，効果的に行うには，男性ホルモンの分泌がさかんになり，骨の成長が終わりに近づく15歳ごろから本格的に行うべきです(図5)。15歳未満では，ハードな筋力トレーニングを行った場合，筋力がつくよりは，ケガの原因をふやすことになりやすいので，注意が必要です。

2──発達段階に応じたトレーニング

成長期に行う運動は，スポーツ活動を行う基礎となるもので，ひじょうに大切です。各人の発育段階を考慮して，計画的にトレーニングを実施していくことが重要です。発育段階に応じたトレーニングというのは，発育期におい

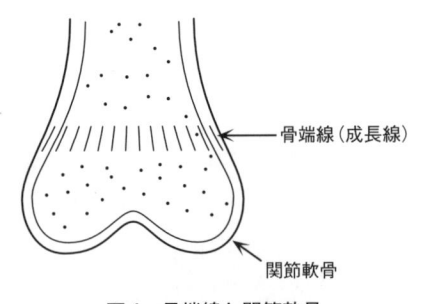

図4　骨端線と関節軟骨

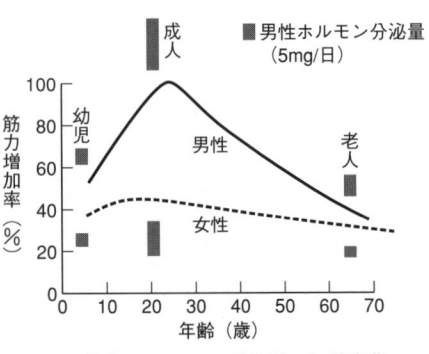

図5　筋力トレーニング効果の年齢変化
(Hettinger)

て身体の各機能がもっとも発達する時期に合わせて、その機能を向上させるようなトレーニングを行うことです。

図6は体力、運動能力について、「動作の習得」、「ねばり強さ」、「力強さ」という観点から、年間発達量を調べたものです。発達のピークは、「動作の習得」、「ねばり強さ」、「力強さ」という順でみられます。このことから、11歳以下では「じょうずになること」(神経・筋系)、12〜14歳では「ねばり強くなること」(筋・呼吸循環系)、15〜18歳では「力強くなること」(筋・骨格系)に主眼をおいてトレーニングするとよいことがわかります。

「動作の習得」とは、走る、投げる、跳ぶなどの基本動作を身につけることです。運動技術の発達は7歳ころから個人差が大きくなりますが、その要因として、5歳ごろまでに基本技術が習得できているかどうかがあげられます。できるだけ早い時期に、基本動作を身につけることが重要です。

「ねばり強さ」とは持久力のことです。12〜14歳では、身体のなかに酸素を取り込む能力(最大酸素摂取量)がもっとも発達する時期です。この時期に長距離走などの持久的な運動を行えば、効果的に持久力の向上をはかることができます。

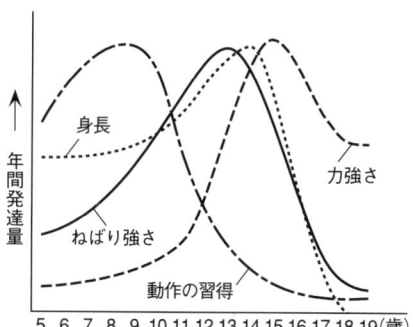

「力強さ」とは、瞬間的に大きな力を出したり、重いものを持ち上げるといったような筋力のことです。前述したように、筋肉の肥大は男性ホルモンの分泌と関係がありますので、15歳以降に行うようにしましょう。

以上のことから、15歳未満の子どもの筋力トレーニングや、小学校低学年の長時間走は、トレーニングの理論からみて有効とは考えられません。また、場合によってはスポーツ障害が起こるなど「百害あって一利なし」となることもあります。トレーニング・プログラムの十分な検討が必要です。ただし、発育、発達には個人差がありますので、2〜3歳の幅をもたせて考えたほうがよいでしょう。

(森山善彦)

1) 福田潤編：『学校におけるスポーツ医学』，文光堂，1996.
2) 宮下充正：『運動するから健康である』，東京大学出版会，1995.

図6 運動能力や体力はいつ発達するか
(宮下, 1984)

筋力トレーニング法
Q2 筋力トレーニングの具体的方法を教えてください

A 筋力トレーニングのメニューは，以下のポイントに考慮して，組み立てていきます。それぞれの動作については，筋力トレーニングの専門書の図や写真を参考にしてください。

1——種目の選択

基本的な筋力トレーニングでは，全身をまんべんなくきたえる必要があります。まず身体を上半身，下半身そして体幹の3つに分け，それぞれについて，大筋群(上半身は胸部および上背部，下半身は大腿部および臀部，体幹は腹部および腰背部)を強化する種目を選択します。その後，必要に応じてこれらの種目では強化されにくい小筋群(上腕部，肩部，下腿部)をつけ加えていきます(表2)。種目が多すぎると，時間が長くなりすぎて集中力がつづきません。1回のトレーニングで行うのは，8種目以内としましょう。

2——種目の配列

筋肉ができるだけ疲れていない状態でトレーニングを行うほうがよいので，基本的な種目は，大筋群から小筋群という流れで配列します。これは，小筋群は大筋群よりも疲労しやすく，小筋群の疲労は大筋群の種目の動作に影響を及ぼしてしまうからです。また，主動筋(おもに働く筋肉)だけでなく，補助的に働いている筋肉も考慮して，同じ筋肉を使う種目が連続しないように並べます(表3)。

3——負荷の設定

トレーニングの初期は，筋肉を肥大させることよりも，トレーニング中にケガを引き起こさないように，正しいフォームを身につけることが重要です。

表2 大筋群，小筋群をきたえる種目

大筋群	上半身	胸部	ベンチプレス
		上背部	ベントオーバーロウイング
	下半身	大腿部，臀部	スクワット
	体幹	腹部	シットアップ
		腰背部	バックエクステンション
小筋群		上腕部	アームカール
		肩部	ショルダープレス
		下腿部	カーフレイズ

表3 種目の配列

順番	種目	きたえられる筋肉
1	ベンチプレス	胸筋，上腕伸筋
2	シットアップ	腹筋
3	スクワット	大腿伸・屈伸，臀筋
4	ベントオーバーロウイング	上背筋，上腕屈筋
5	カーフレイズ	下腿筋
6	ショルダープレス	肩筋，上腕伸筋
7	アームカール	上腕屈筋
8	バックエクステンション	下背筋

(注意)スクワットの前に，ケガの予防のため腹圧を高める目的もかねて，シットアップを入れます。また，腰背部が疲労すると他の部位の種目を行うのに影響があるために，最後にもってきます。

連続して15回できる程度の重量(15RMといいます)を10回×3セット行います。その負荷で2週間程度トレーニングを行った後,本格的なトレーニングに入るとよいでしょう。

ここでも10回×3セット行うのですが,今度はぎりぎり10回×3セット行える重量(10RM)で行います。10RMは最大筋力(MAX)の約70％に相当する重量です。最大筋力は,1回でできる重量を直接測定する方法と,ある重さで反復できる回数から推定する方法の2種類があります。初心者は,高重量に慣れていないので,推定法によって最大筋力を測定することをおすすめします。ただし,推定法を利用する場合,反復回数が10回以上になると誤差が大きくなるので,初期のトレーニング重量を参考にして,測定で扱う重量を決めます(表4,表5)。

4——負荷の変更

トレーニングをつづけると筋力がアップしてくるので,負荷を上げなければトレーニング効果が得られなくなります。そこで,3セットめが13回以上反復できるようになったら,重量をふやします。小筋群で2.5kg程度,大筋群では5kgをめやすにふやすとよいでしょう。

5——トレーニング頻度

週に1回程度のウエイト・トレーニングでは,筋力はアップしません。だからといって,毎日行えばそれだけ筋力がつくかといえば,そうでもありません。回復期間を適切にはさまなければ,疲労がたまってしまい,筋力が低下するどころか,ケガを引き起こしてしまいます。適切な回復期間は,トレーニングを行う人の体力レベルやトレーニングの負荷によって異なります。通常のウエイト・トレーニングを行った場合,ダメージを受けた筋肉が修復されるのに48時間かかるといわれています。ですから,通常は2日に1回(1日おき)トレーニングするのがよいのです。

しかし,トレーニングの初期は,身体が刺激に慣れていないため,筋肉が修復されるのに時間がかかります。そのため,3日に1回(2日おき)トレーニングするのがよいでしょう。また,上級者になるとトレーニングの負荷が高くなり,筋肉のダメージが大きくなって修復時間がかかるので,これも3日に1回の割合でトレーニングを行います。

(森山善彦)

1) 窪田登監修：『ウイダートレーニング・バイブル』,森永製菓㈱健康事業部,1997.
2) T. R. Baechle編,石井直方総監修：『ストレングストレーニング＆コンディショニング』,ブックハウスHD,1999.

表4 反復回数による最大筋力の推定法

反復回数	最大筋力に対する割合	最大筋力を求める計算式
10回	70％	(扱った重量)×1.48
7回	80％	(扱った重量)×1.25
5回	85％	(扱った重量)×1.18
3回	90％	(扱った重量)×1.11

表5 最大筋力の求め方の例
(50kgの重量でベンチプレスを反復した場合)

反復回数	計算式	最大筋力
10回	50kg×1.48	71.5kg
7回	50kg×1.25	62.5kg
5回	50kg×1.18	59.0kg
3回	50kg×1.11	55.5kg

筋力トレーニングの効果

Q3 筋力トレーニングの効果はどのくらい出ますか

A 筋力トレーニングを実施した場合，どのような効果があらわれ，それはどのように維持されていくのかについて，スポーツ科学では大きな関心をよんできました。

1——筋力のトレーニング効果

筋力のトレーニング効果を調べた研究を見てみると，5〜24週間で10〜100％のトレーニング効果が認められています。

図7は，金子がアイソメトリック・トレーニングを毎日10回くり返したときの筋力の変化を調べた結果です。トレーニングの効果は2週目からあらわれ，10週間でピークに達しています。

このような結果から，トレーニングの量と頻度が十分であれば，2週間ほどでトレーニング効果が出てくるものと予想されます。もちろん，量や頻度が少なければ，効果のあらわれ方は遅くなります。これで質問に対する答えは終わってしまいました。

2——トレーニング効果を維持するには

ついでに高まった筋力を維持するためには，どれくらいトレーニングをすればよいのかを説明しましょう。ヘッティンガーたちはこのことについて，きめ細かに研究しています。

彼らによれば，2週に1回でも維持可能だということです。おそらく，読者のみなさんはびっくりしたことでしょう。このことを知っていると，トレーニングの計画がとても立てやすくなると思います。もちろん，個人によって多少の差異はあるはずですから，高まった筋力を維持するためには，もう少し余裕をもって1週に1回程度のトレーニングを行うことをおすすめします。

筋力は，基礎体力のはしらです。シーズンオフに筋力を高めるトレーニングをみっちり行って，シーズン中は維持するためのもっとも効率のよいトレーニング頻度に落とせばよいことになります。

さらに，長期にトレーニングを休んだ場合も考えてみましょう。ヘッティンガーたちによれば，12週間のトレーニング後に完全にトレーニングを中断すると，30週後にはもとにもどってしまいます。しかし，トレーニングを再開した場合も，トレーニング効果を得るためには同じ期間がかかってしまうのでしょうか。

スターローンたちはこのことを明らかにするために，8名の被験者に対して20週のトレーニングを行い，その後30〜32週トレーニングを中止しました。トレーニングの中断で筋力は低下しま

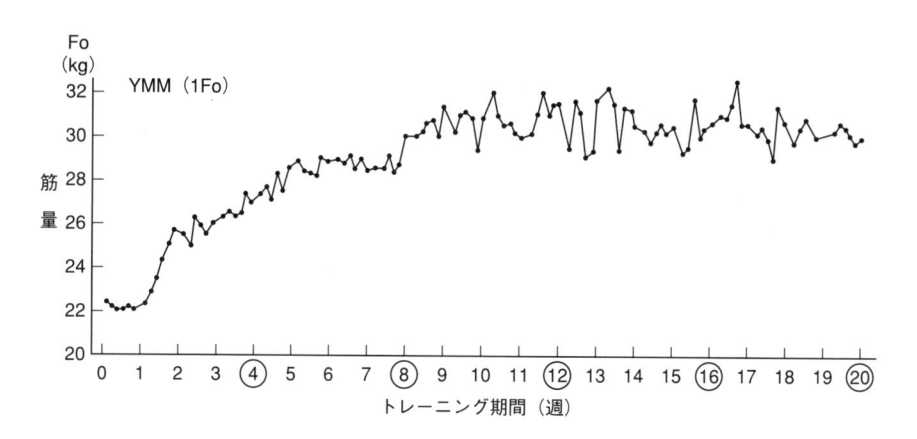

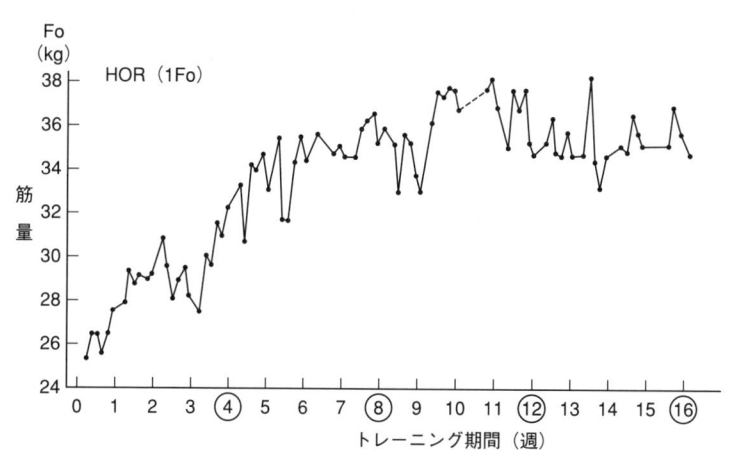

図7 トレーニングにともなう筋力の変化(金子, 1974)

したが、トレーニングを再開するとわずか6週間で最初に得られたトレーニング後の筋力が確保できたのです。

一度トレーニングによって高まった筋力は、その後トレーニングを中止したために低下しても、短期間で取りもどせるようです。　　　　(田中宏暁)

1) 金子公宥：『瞬発的パワーからみた人体筋のダイナミックス』、杏林書院, 1974.
2) Hettinger, Th., 猪飼道夫, 松井秀治訳：『アイソメトリックトレーニング』、大修館書店, 1970.
3) Staron R. S. et al., Strength and skeletal muscle adaptations in heavy-trained women after detraining and retraining. J. Appl. Physiol. 70：p. 631-640, 1991.

Q4 筋力トレーニングによる筋肉の変化
筋力が高まるということは、筋肉がどう変化するのですか

　このことを理解するために、まず筋力の発揮のしくみについて、そしてその変化について整理しておきましょう。

1——筋力のしくみ

　筋肉は細い「筋線維」がたばになっているもので、筋線維はかならず1本の「運動神経」で支配されています。逆に、運動神経の側からみれば、1本の運動神経は枝分かれして多数の筋線維を支配していることになります。これを「運動単位」と呼んでいます。運動神経が興奮すると、それが支配している筋線維は収縮します。筋線維の収縮にここまでという限度はありませんので、筋力が高まるということは、どれだけの運動単位が動員されるかということになります。

　「火事場の馬鹿力」のたとえにもあるように、興奮すると思わぬ力が発揮されることがありますが、これは大脳の働きでより多くの運動単位が動員されたと考えることができます。神経系の機能に依存した筋力の向上といえるでしょう。

2——筋力は筋の断面積に比例

　いっぽう、筋肉が太い人ほど大きな筋力が発揮できることはよく知られています。事実として、筋力は筋の断面積に比例することがわかっています。筋の断面積が広いということは、1本1本の筋線維の断面積が広いか、または筋線維の数が多いかのどちらかです。

3——筋力の変化

　図8は、福永がトレーニングにともなう筋力と筋の断面積の変化を調べた研究結果です。

　トレーニング初期は筋力が増加するのですが、めだった筋の断面積の増加はみられません。この時期には、絶対筋力が増加しているのがわかるでしょう。絶対筋力とは、筋の断面積あたりの筋力です。これに呼応するように、筋電図の積分値が変化しています。筋電図の積分値は、筋への神経活動の指標となるもので、それがふえるということは参加している筋線維、すなわち、運動単位の動員率が増していることを物語っています。

　トレーニング初期の筋力増加は、ちょうど先ほどの「火事場の馬鹿力」と同じような説明ができます。トレーニングによって、より大きな力が発揮できるように、大脳の興奮水準が高まり、多くの運動単位が動員されるようになるわけです。

　さらにトレーニングをつづけると筋

の肥大が起こってきます。筋肥大とは，筋線維が太くなるのか，新しくつくり出されて数がふえるのか，あるいはその両方が起こるのか興味のあるところです。

これまでの研究成果では，動物実験から筋線維が新たにつくり出される可能性が示されてはいるものの，筋肥大は筋線維の肥大が主体であるという結論が導き出されています。　　（田中宏暁）

1) 福永哲夫：『ヒトの絶対筋力』，杏林書院，1978.

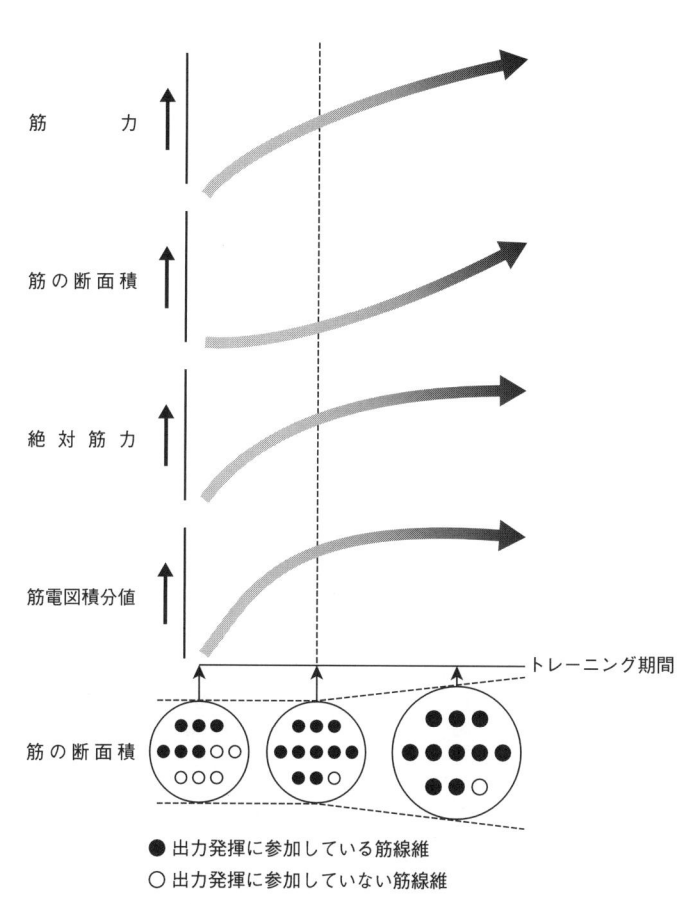

図8　トレーニングにともなう筋力，筋の断面積，絶対筋力，筋電図の積分値の変化(福永，1978)

Q5 身体のバネ
身体の「バネ」とはなんですか，それはトレーニングできますか

A **1──反動動作**

ジャンプなどの踏切時に，跳躍とは反対の方向に動作することを反動動作とよび，跳躍効果が高まることが知られています。

これは，反動動作時に活動筋が強制的に伸ばされ，このとき筋と腱に弾性エネルギーが蓄積して，次に短縮するときに利用され，バネのような働きをするためといわれています。

また，筋が伸張したときに反射的に収縮する伸張反射[1]もこれに関与すると考えられています。このようなバネ的な働きを高めるには，当然のことながら，筋力を強化しなければなりません。

2──筋の活動様式

筋の活動様式は，次のように，大きく3つに分けることができます。

①等尺性筋力

筋肉がその長さを変えないで発揮する筋力のことで，外力と発揮する筋力がつり合っているときの最大筋力です。

②短縮性筋力

筋肉が短くなって発揮される筋力で，外力より発揮される筋力のほうが大きいときの最大筋力のことです。

③伸張性筋力

筋肉が強制的に伸ばされながら発揮される筋力で，筋力が外力より小さいときの筋活動です。弾性エネルギーをたくわえ，バネ的な役割を果たします。

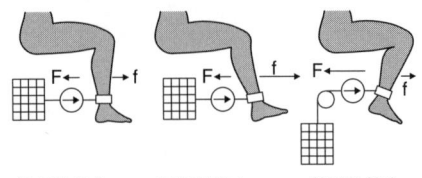

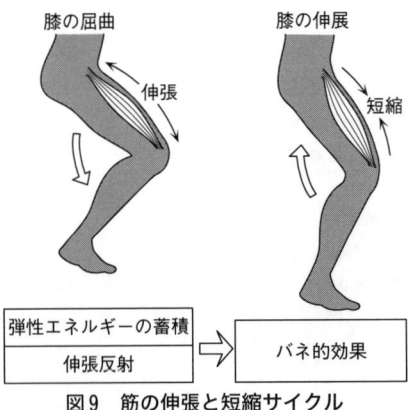

等尺性筋力 (F＝f) 　短縮性筋力 (F＜f) 　伸張性筋力 (F＞f)

図10　筋の活動様式

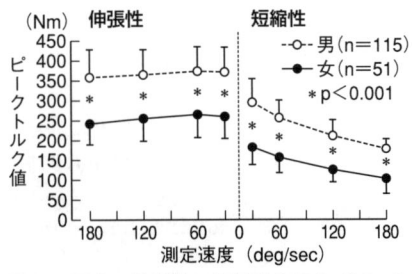

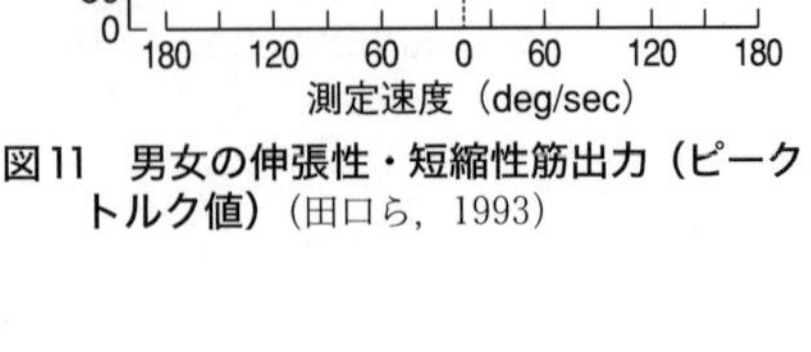

図9　筋の伸張と短縮サイクル

図11　男女の伸張性・短縮性筋出力（ピークトルク値）（田口ら，1993）

3――伸張性筋力について

図11は，男女の伸張性・短縮性筋力(ピークトルク値)を比較したものです。男女とも短縮性筋力より伸張性筋力のほうが高い値を示しています。しかも伸張性筋力は，筋の運動速度が高くなってもあまり変化しない特徴があります。

バネ的効果を高める伸張性筋力は，スポーツ種目によって特性があります。図12に見られるように，跳躍，短距離種目は体重あたりの伸張性筋力が高い値になります。これは，とくに跳躍や短距離種目で伸張性筋力の要素が大きいことを示しています。

4――バネの効果を高める

バネ的効果を高めるには，ただ伸張性筋力が高いだけでなく，伸張の時間と短縮への切りかえ時間が重要になります。これを切りかえ時間(カップリング・タイム)といいます。ゆっくりした切りかえ時間ではなく，瞬間的な反動がバネの効果を大きくするといわれています。したがって，跳躍種目における踏切の反動動作は，膝や腰を浅く曲げて，すばやく伸展動作すれば，バネの効果を高めることになります。

5――トレーニング

バネ的効果を高めるトレーニングに，プライオメトリック・トレーニングがあります。プライオメトリックとは，「爆発的(反動的)なパワー発揮」[4]の意味で，すなわち反動的な動作を利用して，パワーを強化するトレーニングのことをいいます。トレーニングの例としては，台から飛び降りてすぐに跳び上がるデプスジャンプ(片足，両足)，両足の抱え込みの連続ジャンプなどがあります。種目に応じ，主働する筋群を特定したら，筋を伸張させすばやく短縮させる(ストレッチ・ショートニング・サイクル)トレーニングを工夫して組み合わせることが大切です。これらは，筋を一度強制的に伸ばすためダメージが大きく，筋への障害を引き起こす危険があります。台は低い高さから，負荷も軽いところから始めましょう。

(田口正公)

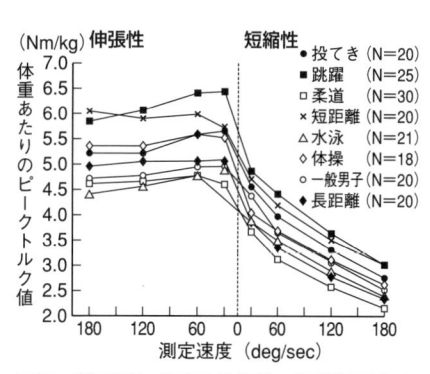

図12 種目別における伸張性，短縮性筋力の体重あたりのピークトルク値 (田口ら，1992)

1) トレーニング科学研究会編：『トレーニング科学ハンドブック』，朝倉書店，p.58, p.378, 1996.
2) 田口正公，高瀬幸一，高木浩信，片峯隆，中原一，金森勝也：『女子スポーツ選手の短縮性・伸張性下肢筋力，整形・災害外科』，金原出版，p.1171-1177, 1993.
3) 田口正公，竹下幸喜，高木浩信，森畠誠：「スポーツ競技の種目別にみた筋力発揮特性について」，トレーニング科学Vol.4 No.1 p.1-7, 1992.
4) ラドクリフ，ファレンチノス，石河利訳：『爆発的パワートレーニング，プライオメトリクス』，ベースボールマガジン社，1985.

全身持久力のトレーニング法
Q6 全身持久力(スタミナ)の具体的なトレーニング法を教えてください

A 全身持久力とは，疲れにくい身体に適応する能力のことです。カーレースを考えるとわかりやすいと思います。F1レースでは，エンジンの性能を上げて，車体をできるだけ軽量に設計し，そして巧みなドライビング・テクニックを磨くということになります。

1──最大酸素摂取量

まず，エンジン性能に相当する身体の機能から考えてみましょう。運動中のエネルギーを酸素を使わずに供給すると，筋肉の疲労物質である乳酸がたまってしまいます。疲労しにくいエンジン性能とは，エネルギー源である酸素をどれだけ体内に取り込めるかという能力にかかっています。これを最大酸素摂取量といいます。

最大酸素摂取量は，心臓から送り出される血液量と，運動している骨格筋での酸素を使う能力に依存します。このような身体機能を高めるには，最大酸素摂取量の50〜100%の酸素を必要とする運動を50〜60分持続するとよいことがわかっています。つまり，つねに歯を食いしばって全力をそそがなくても，余裕をもったトレーニングでよいことになります。

運動の強さのめやすには，心拍数(脈拍数)を基準にする方法がよく用いられます。最大酸素摂取量の50%に相当する脈拍数は，およそ130拍/分ですから，これよりも高ければトレーニング効果が期待できることになります。

2──トレーニング法

次に，少なくとも自分の体重が負荷になる競技では，よぶんなお荷物に相当する体脂肪量をそぎ落として少なくすれば，それだけ全身持久力は高まることになります。

そのためには，エネルギー消費量を多くします。たとえば，ランニングでは，エネルギー消費量はスピードに関係なく，トータルの走行距離に比例します。すなわち，どんなペースでもよいことになります。

実際のトレーニング法としては，かなり速いスピードで，1分から10分の運動を，休息をはさんでくり返すインターバル・トレーニングと持続走トレーニングが主体です。

①インターバル・トレーニング

おもにエンジン性能を高めるためのトレーニングです。400〜2,000mの距離を一定の速度で走り，1〜5分の短いジョギングをはさんで5〜20回ほどくり返します。距離が短ければ短いほど速く走るのが原則です。運動強度は，最大酸素摂取量の70〜100%の酸素を必

要とする速度で走ります。

速さのめやすは、運動中の脈拍数が150～180拍/分、ジョギング中は130拍/分です。

②持続走トレーニング

エンジン性能の向上をはかり、体脂肪を落として軽量化を実現するためのトレーニングです。「ゆっくり長く」が基本です。通常30分から2時間連続して走ります。脈拍数が130拍をこえるとエンジン性能の向上が期待できます。

いずれのトレーニングでも、ドライビング・テクニック、つまりむだなエネルギーを使わない効率のよいフォームに改良することも意識してください。そのためにはがむしゃらに走るのではなく、余裕をもったペースで、トレーニングすることが大切です。

トレーニングは、生理的な負担度をつねに考え、個人の能力に応じて生理的な負担度が同じようになるよう負荷を選ぶ必要があります。その方法として、脈拍数を基準にする2つの方法を紹介しましたが、このほかに簡単な方法を紹介します。

③ボルグの主観的運動強度

表6を見てください。スウェーデンのボルグが考案した方法で、運動しているときに感じる強さを数字の6から20までの尺度で表現します。たとえば、「ややきつい」であれば13となります。この尺度は、その10倍が運動中の脈拍数に相当するようにつくられています。最大酸素摂取量の50％の強度は「13」ということになるので、インターバル・トレーニングでは15～17をめやすにすれ

表6　ボルグの主観的強度 (Borg, 1973)

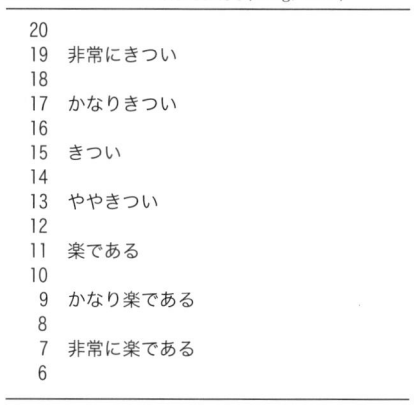

20	
19	非常にきつい
18	
17	かなりきつい
16	
15	きつい
14	
13	ややきつい
12	
11	楽である
10	
9	かなり楽である
8	
7	非常に楽である
6	

ばよいことになります。

④福岡大学方式

日を変えて1,000mと2,000mの全力走を行い、その時間差を基準にします。たとえば、1,000mが4分、2,000mが9分かかったとしますと、その時間差は5分となります。その場合、1,000mを5分から5分10秒のインターバル・トレーニングを数回行います。　　　（田中宏暁）

1) Borg G.A.V.: Perceived exertion: a note on "history" and methods. Med. Sci. Sports Exerc. 5 : pp90-93, 1973.

Q7 心肺機能の変化
持久力がつくということは，心臓や肺臓がどう変化するのですか

A 持久力とは，運動を長くつづけることができる能力のことをいいます。

1——心臓，肺臓の変化

持久力がつくということは，身体の酸素を利用してエネルギーを供給する機能が高まることをいいます。もう少しくわしく説明しましょう。持久力がつくと，酸素を骨格筋へ運搬する機能と骨格筋で酸素を利用してエネルギーをつくり出す機能の両面で適応が起こります。心臓や肺臓は，前者の酸素を体外から取り込み，骨格筋に運搬する役割を果たしています。

心臓では，まず安静時，同じ強度の運動をした場合，心拍数が少なくてすむようになります。また，心臓のポンプ作用が強くなって，1回の収縮で送り出される血液量が多くなり，しかも心臓の酸素の利用が少なくてすむようになるので，ポンプ作用の効率がアップします。

いっぽう，肺では呼吸筋が疲れにくくなり，運動中の息苦しさが軽減されます。同じ強度の運動をした場合，換気量が少なくてすむようになります。そうすると，呼吸筋の酸素の利用が少なくてすむわけですから，そのぶんを骨格筋に回すことができるようになります。また，運動中は1回ごとの呼吸が深くなり，つまり呼吸数がへるので，肺のなかにより長い時間空気がとどまり，それだけ血液に酸素を供給しやすくなります。

2——なぜ変化するのか

すなわち，持久力がつくと，心臓も肺臓もとても効率よく酸素を取り込み，骨格筋に輸送することができるように変化します。このような変化がなぜ起こるのか，とても興味深いことですが，いまだによくわかっていません。しかし，心臓や肺臓の機能は，骨格筋の機能と密接に関係していることがわかってきたので，一部はその連携プレーで説明することができます。

たとえば，筋肉に酸素が十分供給されないと乳酸がたまり，体内は酸性に傾きます。すると筋肉内のセンサーが働き，神経が興奮して脳に働きかけます。いわばアクセルに相当する働きのある交感神経の興奮を介して，呼吸を促進し，心拍数を上げるという自動調節が行われるのです。また，血液中にもれ出た乳酸により，呼吸の促進も起こります。

持久的なトレーニングをつづけると，心臓は少ない拍動で楽に十分な酸素を骨格筋に送りこめるようになるばかり

でなく，骨格筋の中のミトコンドリアと呼ばれる酸素を利用してエネルギーを作り出す小器官がふえてきます。ですから，格段に酸素の利用能力が高まり，乳酸がたまりにくくなります。そのため，同じ速さで走った場合，アクセルをふかす必要性が少なくなり，心臓や肺臓の負担を軽減できるわけです。

(田中宏暁)

トレーニング後　　　　　トレーニング前

同じスピードで走っても，心臓に余裕ができて，心拍数が上がらず，呼吸も楽になる。

Q8 長距離選手の素質
長距離選手には素質があるのでしょうか

A 1——素質の有無はわからない

陸上競技の長距離走種目は,自分との闘いでもあります。記録のレベルアップをはかるためには,強い意志で合理的なトレーニングを継続させなければなりません。速い選手はもともと素質があるから速いのだと考えがちですが,どの選手も相当な努力を重ねていることも事実です。また,気力・努力・体力の3つの力だけでなく,「速くなりたい!」という確固たる意志がなければ強い選手にはなれません。

人の生まれつきの素質の有無を,断言することはできません。素質の有無を評価することは,たいへんむずかしいことです。

能力というものは,各人の成長過程において,まわりの環境などの影響を大きく受けるものだからです。一流と呼ばれる多くの選手は,小・中・高校時代に,走ることに対して深い興味と喜びを感じたり,競争心が養われたりしたことが,その後の成長につながっているようです。

2——「適性」はみつけられる

このように素質の有無を断言することはむずかしいことですが,体力面については,長距離走者に向いているかどうか,「適性」を評価する視点はあります。

たとえば,筋肉は,収縮の速度は遅いが持続力にすぐれている赤筋(遅筋)と,速く収縮することができる白筋(速筋)との2種類に大別できます。

赤筋は,マグロやカツオなどの赤身の肉に見られるように,遠洋を長い期間泳ぎつづけるのに必要な,持久力にすぐれた筋肉です。したがって,長距離走者に向いている(素質があるともいえる)人とは,この赤筋を生まれつきたくさん持っている"持久型"の人,ということができます。オリンピックで優勝するようなマラソンランナーは,この赤筋が筋肉の8割以上を占めている場合もあります。

いっぽうで,白筋はスピードにすぐれた筋肉であり,一流の短距離走者に高い割合で認められます。したがって,白筋をたくさんもっている人は,"スピード型"の人といえます。

また,形態(身体各部の大きさや長さ)面からいうと,やせ型で脚が長く,それもとくに膝下(すね)が長いことが,"バネ"をきかせ,効率よく走るために適していると考えられます。

以上のような適性を評価する際には,形態は見た目や実際に計測することで評価できますが,筋肉の種類については,生理学的な検査が必要となり,実際

には困難です。

3——スピード型か，持久型か

そこで，より簡単にこのような適性，すなわち"スピード型"か"持久型"かを評価するめやすについて解説しましょう。それは，小学校時代からの運動やスポーツの得意・不得意から，長距離走者としての適性を見ようとする方法です。

たとえば，小学校でとくに特別なトレーニングもしていないのに，「運動会の徒競走やリレーは苦手だが，マラソン大会では上位に入っていた」とか，「投げる，跳ぶは得意だが，サッカーなどの球技ゲームの後半では，すぐバテてしまっていた」などがひとつのめやすとなります。当然，長距離走者に適したタイプとしては，前者の人ということになります。

このように，小学校のときから高校時代にかけての各種運動・スポーツでの得意・不得意から"スピード型"か"持久型"かを評価して，長距離走者としての適性を探ることができるでしょう。高校時代まではサッカーの選手だった人が，長距離走者としての適性を見抜かれて，一流ランナーになった例もあります。

しかし，長距離走は，努力によって記録が伸ばせる要素が大きい種目でもあります。したがって，自分のタイプ（"スピード型"か"持久型"か）を知り，それに適したトレーニングを行うことによって，一流ランナーへの道は，だれにでも開かれているといえます。

たとえば，長距離走者としては向いていないと考えられる例を考えてみましょう。スタミナはないがスピードはある人（すなわちスピード型）は，ゆっくりのペース（きつくない）で，できるだけ長い時間（70分以上，できれば2時間まで）の持続走を中心としたトレーニングを行うことによって，自分の弱点をなくし，長所を生かした"スピード型の長距離走者"となることも可能なのです。

長距離走者として成功するためには，体力的な適性があることとともに，長く走ることが苦にならない，トレーニングを工夫して行うことが楽しいなど，トレーニングに取り組む姿勢がとても大切です。

小学校時代には，できるだけさまざまな運動・スポーツに取り組み，中学では精神的にオーバーワークにならない程度に，しかし，ある程度のトレーニングの強さと量をこなし，高校で徐々に専門的なトレーニングの割合をふやしていきましょう。

「ストレスは少なく，しかしできるだけ運動の量は多く」が長距離走トレーニングのポイントです。

このように，長距離走者としての適性はわずかでも，日々の地道な努力を惜しまなければ，やがて芽が出て，高い目標を立てるようになるかもしれません。気力も充実していけば，自己記録を更新していくことが楽しめるでしょう。自分の可能性を信じて，がんばってほしいと願ってやみません。

(渡辺和己，佐伯徹郎)

Q9 柔軟性のトレーニング
柔軟性のトレーニングのしかたを教えてください

A 身体が自由に動ける範囲を広げ、よりダイナミックな動きを獲得するために、そしてケガの防止のためにも、柔軟性を高めることはとても大切です。

柔軟性を高めるトレーニングには3つの方法があります。それぞれの特徴を理解して、目的に合わせて選択してください。

1――静的ストレッチング

肩がこったとき、頭の上で両手を組み腕を頭上に伸ばすことをよくやりますね。このように筋や腱を自分の意志でゆっくり伸ばす方法です。猫が伸びをする動作が、まさしく静的ストレッチです。

要領は次のようなものですが、むりをしないように心がけて行ってください。

① ゆっくり走るなど、まず身体をほぐすウォーミング・アップを行います。
② けっして反動をつけないように、目的の筋肉を静かにゆっくり伸ばし、これ以上伸ばすと痛みが出ると思われる直前でやめます。そのまま10秒くらい姿勢を保持します。
③ 全身をリラックスさせ、もとの姿勢にもどします。
④ ②をくり返します。だんだん自由に動ける範囲が広くなります。

2――PNFストレッチ

筋肉や腱には、引き伸ばされぐあいを感じるセンサー(受容器)があり、伸ばされぐあいを感知して自動的に筋や腱の長さを調節しています。

PNF(proprioceptive neuromusclar facilitation)とは、この自動調節器を刺激するという意味で、筋肉を最大に収縮させて、その後ストレッチさせることにより、「引き伸ばされると筋が収縮する」という反射を利用して柔軟性を高めることができるという理論にもとづいています。

パートナーと2人ペアで行います。大腿屈筋群のストレッチを例にあげてみましょう (図13)。

① 大腿屈筋群を受動的にストレッチするためにパートナーが1)の方向へ押

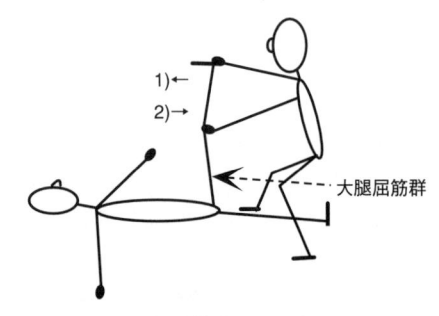

図13 大腿屈筋群のPNFストレッチ

します。
② パートナーが図のように抵抗を加え，それに対抗するように大腿屈筋群に力を入れます。
③ リラックスした後，ふたたび①をくり返します。
④ ①〜③を3〜5回くり返します。

また③のとき，大腿屈筋群を受動的にストレッチすると同時に，大腿前面の大腿四頭筋を積極的に収縮させる方法もあります。これは，拮抗する筋肉を収縮すると逆側の運動神経が抑制される相反神経支配を利用してストレッチしやすくする方法です。

3——バリスティック・ストレッチ

ラジオ体操のように反動をつけて行うストレッチです。反動をつけすぎるとオーバーストレッチして筋肉を痛めやすいので，十分注意してください。

(田中宏暁)

1) 魚住廣信：『スポーツ選手のためのウォームアップ・プログラム』，メディカル葵出版，1987.

● 効果的なストレッチの原則
1・けっして反動をつけず，静かにゆっくりストレッチする
2・痛みを感じる限界をこえてストレッチしない
3・10秒間くらい，その姿勢を保つ
4・身体の両サイドの筋をストレッチする

Q10 敏捷性のトレーニング
敏捷性のトレーニングは，どうすればよいのですか

A 敏捷性とは，身体をすばやく動かしたり，動作をすばやく切りかえたり，すばやく方向を変えたりする能力のことで，動きの速さとバランス感覚を高めることが重要になってきます。

具体的には，ラグビーをやるときのように，障害となるものを避けてうまく走ったり，タックルから瞬間的に身をかわしたり，走りながらすばやく方向を変えて走ったり，姿勢をすばやく変えたりする動作です。また，バスケットボールのように，走っていて急に立ち止まったり，立ち止まった状態からすぐに走り出したりするなどの動作が考えられます。

いずれの動作を練習する場合も，最初はゆっくりした動作でそれぞれの正しい動きを身につけるようにし，しだいに速い動作で行えるようにしていきます。いずれにしても，正しい動きを身につけるためには，何度もくり返し練習することが大切です(継続性・反復性の原則)。とくに，身体が疲れていないフレッシュな状態で練習することが必要です。

具体的には，1日のトレーニング計画のなかでは，トレーニング時間の前半に，1週間のトレーニング計画のなかでは，休養日の翌日や翌々日などに取り入れるようにしましょう。

1──ポールを使ったトレーニング

図14は，ポールを使ったジグザグ走です。左右互い違いに立てたポールを，スキーのスラロームのようにすばやく走り抜けます。ポール間の距離を長くとれば，スピードをあげたトレーニングになります。ポールのかわりに，倒しても安全なコーンを使う方法もあります。

2──ミニハードルを使ったトレーニング

高さが15～30cmほどの小型のハードルを使ったトレーニングです。図15は，サイドステップです。2個ならべてのステップや，さらに数をふやし，横向きに連続してステップしていく方法などがあります。

図16は，連続もも上げです。ももを高く上げることよりも，すばやく行うことを意識してください。

3──ラダーを使ったトレーニング

ラダーとは，はしごという意味で，床や地面にはしご状のトレーニング器具を置いて，そのマスを一つひとつステップしていく方法です。ラダーがない場合は，床にテープをはったり，地面にラインを引いたりしても，トレーニン

グは可能です。
　図17は，サイドステップを行っているところです。これ以外に，もも上げをしながらステップする方法，両足をそろえてジャンプしていく方法などがあります。
(森山善彦)

1) 日本SAQ協会編：『SAQトレーニング』，大修館書店，1999.
2) マイケル・イエシス：『子どものスポーツトレーニング』，森永製菓健康事業部，1996.

図14　ジグザグ走

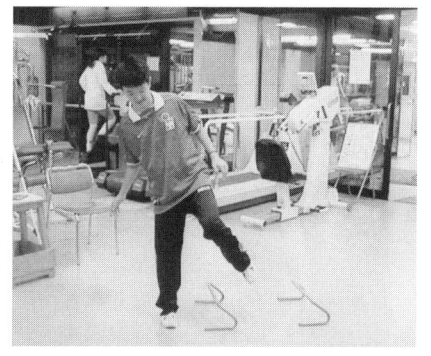

図15　ミニハードルを使ったサイドステップ

図16　ミニハードルを使ったもも上げ走

図17　ラダーを使ったサイドステップ

何度もくり返し練習して，身につけることが大切なんだ

Q11 正しい減量
正しい減量のしかたを教えてください

A 競技選手にとって減量の目的は，ただ単に体重を軽くすることではなく，よぶんな体脂肪はそぎ落とすことです。

1──体脂肪をへらす

私たちの身体は，よぶんに摂取したエネルギーの大半を脂肪として蓄えるしくみをもっています。蓄えられた脂肪は，必要なときにエネルギー源として利用されます。

さて，よぶんな脂肪をそぎ落とすには，エネルギー摂取量よりエネルギー消費量が多くなるようにすればよいはずです。もっとも簡単に行う方法は，エネルギー摂取量をへらす，いわゆるダイエットです。肥満治療では1日数百カロリーという超低カロリー食が使われています。しかし，数百カロリーはもちろんのこと，1,200kcalというかなり軽い減食では，残念ながら脂肪ばかりでなく大切な筋肉まで萎縮してしまいます。だから，スポーツ選手にとってダイエットは要注意です。

2──エネルギー消費量をふやす

スポーツ選手の減量は，原則としてダイエットではなく，エネルギー消費量をふやす方法でエネルギー収支をマイナスにしなければなりません。エネルギー消費量をふやすためには，歩く，走る，泳ぐといった全身運動をゆっくり長く行うことです。よくお腹の脂肪をとる目的で腹筋運動をすすめる人がいますが，これはエネルギー消費量はほんのわずかであり，脂肪がとれるわけがありません。

3──ジョギングが有効

おすすめは，できるだけゆっくりジョギングすることです。たとえば，練習前後にゆっくり5～6kmの距離をジョギングします。走る場合，エネルギー消費量はスピードに関係なく，1kmで体重1kgあたり1kcalに相当します。たとえば，体重が60kgであったとすると，5kmで300kcalよぶんにエネルギーを消費することになります。もし，現在エネルギー収支がトントンだとして，エネルギー摂取量を変えずに，1日5kmのジョギングを毎日欠かさず実行すれば，2か月でおよそ2.5kgの体脂肪量がへる計算になります。

そのほか，ちょっとした空き時間に積極的に身体を動かすことです。5分間の休み時間は積極的に歩き，トイレは2階あるいは3階まで行くといったぐあいです。このような努力で，100kcalほどよぶんにエネルギーを消費できます。すると2か月間でもう1kg近く減量でき

ることになります。

4──食生活を見なおす

さらに，食生活も見なおしてみましょう。間食，あるいは砂糖の入った飲み物をとりすぎていませんか。また，油はできるだけさけるべきです。野菜と海藻をたっぷり食べ，たんぱく源は脂肪の少ない肉，魚を中心とし，しかもできるだけ和食をとることをおすすめします。

(田中宏暁)

エネルギー消費量をふやすことで減量しよう！

- エネルギー消費量はスピードに関係なく，走った距離に比例する！
- 全身運動をゆっくり，長く！
- 1km走れば，体重1kgあたり1kcal消費する
- 毎日続けることが大事！

第4章
心を きたえて勝つ

1 スポーツ選手に必要な精神力とは

競技スポーツに必要な心理的特性は，これまで「精神力」とか「根性」といった言葉で表現されてきました。しかし，これらの言葉はいかにも抽象的で，実際にトレーニングするとき，何をどのように練習してよいかわからず，ただ猛練習をするのみという傾向が見られました。

筆者ら[1]は「精神力」という言葉を表1のように分類しました。そして，競技場面で必要な一般的傾向としての心理的能力を，「心理的競技能力」と呼ぶことにしました。つまり，「精神力」を大別すると，「競技意欲」「精神の安定・集中」「自信」「作戦能力」「協調性」の5つに分かれ，さらに，その内容を分類すると，忍耐力，闘争心，自己実現意欲，勝利意欲，自己コントロール能力，リラックス能力，集中力，自信，決断力，予測力，判断力，協調性の12の内容に分かれました。これが，スポーツ選手に必要な精神力の内容です。もちろん，スポーツ種目によってその重要度は異なります。あなたが実施しているスポーツでは，どの内容が重要でしょうか。自分の心理的競技能力を12の内容のそれぞれについて5段階で自己採点してみると，自分の特徴が理解できると思います。近年，欧米ではこうした能力を心理的スキル(技術)と呼び，これを一種の技術ととらえ，トレーニングすることによって向上する能力であると考えられています。

さて，トレーニングを開始するためには，自分の特徴を客観的に理解することが必要です。そのために「精神力」を診断する検査用紙として「心理的競技能力診断検査(DIPCA.3，中学生〜成人用)」[2]を開発しました。その診断結果は図1のようにあらわされます。これらの能力は，競技レベルが高い選手，経験年数の長い選手，実力発揮度の高い選手，競技成績が優れている選手ほど高い得点を示すことが明らかにされています。

表1 スポーツ選手の心理的競技能力

1. 競 技 意 欲 ………忍耐力，闘争心，自己実現意欲，勝利意欲
2. 精神の安定・集中……自己コントロール能力，リラックス能力，集中力
3. 自 信 ………………自信，決断力
4. 作 戦 能 力 ………予測力，判断力
5. 協 調 性 …………協調性

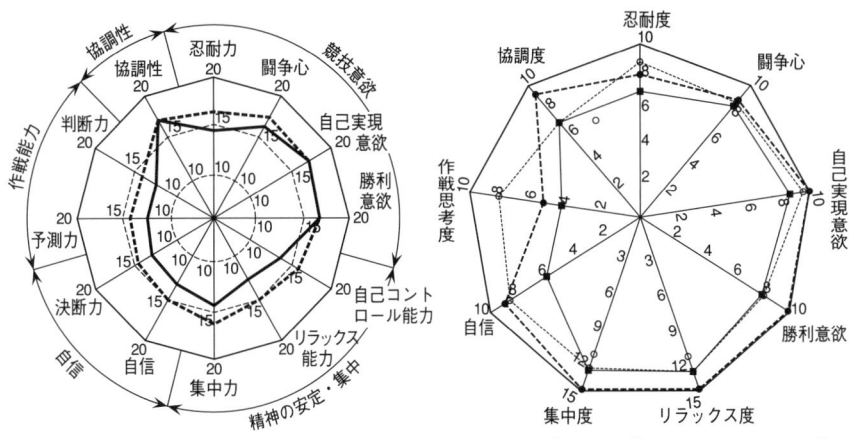

図1 スポーツ選手の心理的競技能力の判定法(国体出場男子選手―1～4年経験, ---10年以上)

図2 試合前の心理的コンディショニングの評価法(○1日前, 90点；▲1週間前, 82点；●1か月前, 75点)

2 心理的コンディショニング

　試合が近づくと身体面のコンディショニングだけでなく，心の準備をしなければなりません。いかに技術，体力が優れていても，心の準備に失敗すると実力を発揮することができません。それには，次のようなことが必要です。

①試合日に合わせて，勉強や仕事のやり残しがないようにする。

②睡眠，食事を規則的にとる。

③チームの目標と個人の目標を確認する。

④次のような気持ちを高める……忍耐度，闘争心，自己実現意欲，勝利意欲，リラックス度，集中度，自信，作戦思考度，協調度。これらをチェックする検査用紙として「試合前の心理状態診断検査」(DIPS-B.1, 図2参照)[3]があります。

⑤作戦をイメージによって練習したり，実際の練習場で行っておく。

⑥もし不安になったら,「負けることは恥ではなく」「自分のプレーをすること」や「思いきりすること」が大切であると考える。

3 メンタルな動きづくりをする

　最後に大切なことは，試合場面でその種目にふさわしい気持ちがつくれたかどうかです。そして，その気持ちを動きとして発揮できたかどうかです。たとえば，集中力が必要なときに集中した動きができ，忍耐力が必要なときにがまん強いプレーをし，決断力が必要なときに思いきった動きができたかどうか，ということです。

　このためのチェック・リストとして「試合中の心理状態診断検査」(DIPS-D.2, 表2)[4]があります。試合中の心理状態が50点近くになることが望ましく，実力発揮度の高い選手ほど得点が高いことが明らかにされています。

4 メンタル・トレーニング法

　競技成績を高めるためには，技術を磨き，身体をきたえるだけでなく，心をきたえる必要があります。メンタル・トレーニングとは，スポーツ選手が試合場面で必要な心理的スキル(表1の内容)を中心にトレーニングすることです。表1のなかには12の心理的スキルがありますが，筆者は，リラックス能力，集中力，イメージ能力(予測力，判断力と関係)のトレーニングがメンタル・トレ

表2　試合中の心理状態の診断表
試合のことを思い出して下記の質問に答えてください。
　　1. まったくそうではなかった　2. あまりそうではなかった　3. どちらともいえない
　　4. かなりそうだった　5. そのとおりだった

例：試合では緊張して手足がふるえた	
1) 最後まであきらめずにがんばることができた・・・・・・・・・・・・・・・	
2) 闘争心(闘志)があった・・・・・・・・・・・・・・・・・・・・・・・・・・・	
3) 自分の目標を達成する気持ちで試合をした・・・・・・・・・・・・・・・	
4)「勝つ」という意欲が強かった・・・・・・・・・・・・・・・・・・・・・・・	
5) 自分を見失うことなく，いつもの気持ちでできた・・・・・・・・・・・	
6) 勝敗を意識して緊張しすぎることなく試合ができた・・・・・・・・・	
7) 集中して試合ができた・・・・・・・・・・・・・・・・・・・・・・・・・・・	
8) 自信があった・・・・・・・・・・・・・・・・・・・・・・・・・・・・・・・・・	
9) 試合での作戦や状況判断がうまくいった・・・・・・・・・・・・・・・・	
10) 試合中や試合の合間には，仲間と励ましあったり，協力して試合ができた・	
合計点	

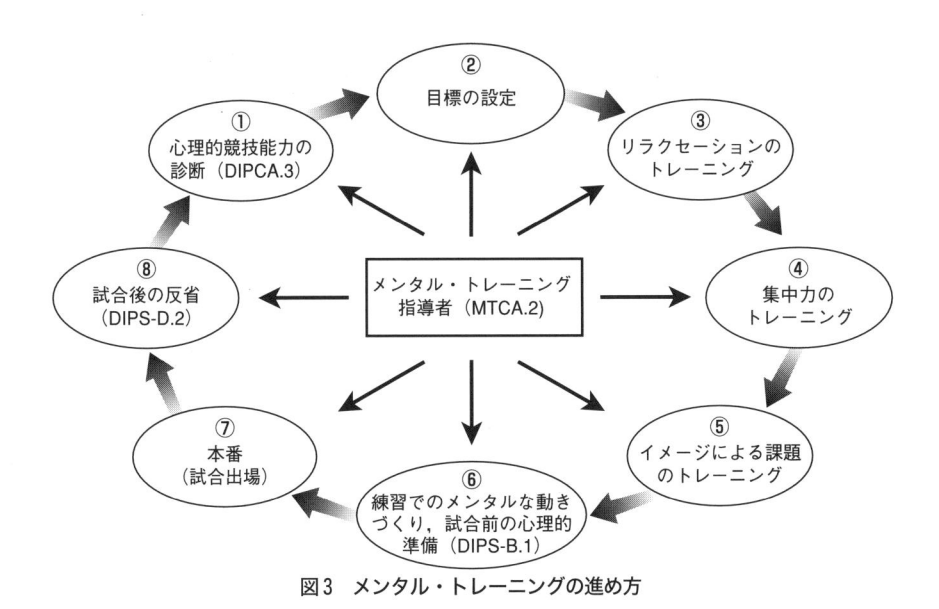

図3 メンタル・トレーニングの進め方

ーニングの3本柱だと思います。そこで、図3のような順番でトレーニングすることをすすめます。その順番は、次のようになります。

①心理的競技能力の診断
②目標の設定
③リラクセーションのトレーニング
④集中力のトレーニング
⑤イメージ・トレーニング
⑥メンタルな動きづくり、試合前の心理的準備
⑦本番（試合出場）
⑧試合後の反省

　これらをくり返し実施していけば、実力発揮度が高くなり、本番に強くなると考えられます。

(徳永幹雄)

1) 徳永幹雄：『ベストプレイへのメンタルトレーニング』、大修館書店, 1976.
2) 徳永幹雄・橋本公雄：『心理的競技能力診断検査(DIPCA.3)』、(中学生〜成人用)、トーヨーフィジカル, 2000.
3) 徳永幹雄：『試合前の心理状態診断検査用紙(DIPS-B.1)』、トーヨーフィジカル, 1999.
4) 徳永幹雄：『試合中の心理状態診断検査用紙(DIPS-D.2)』、トーヨーフィジカル, 1998.

メンタル・トレーニングの方法

Q1 メンタル・トレーニングはどんなことをしたらよいのですか

A 筆者の提唱しているメンタル・トレーニングは、図3(83頁)のように8つのステップに分かれています。その概要は、次のとおりです。

①心理的競技能力の診断

自分の心理面の長所と短所を明確にします。

②目標の設定

シーズンはじめに立てる年間目標や試合のたびに、目標を設定します。その内容は、結果に対する目標とプレーに対する目標を具体的に設定するもので、さらに、技術・体力・心理面それぞれについて、その達成方法を作成します。

③リラクセーションのトレーニング

身体と心をリラックスするしかたを覚えます。

身体のリラックスには、深呼吸法、筋肉の緊張とリラックスを交互に行う筋弛緩法(しかん)、手足をあたたかくする、ひたいを涼しくする自律訓練法、柔軟体操、ストレッチング、ランニング、軽度の練習などがあります。頭を涼しくし、身体をあたたかくする(頭寒足熱)ことがリラックスの原理です。

心(意識)をリラックスするには、目標を達成することに集中する、自分のプレーをすることや実力を発揮することに集中する、負けることは恥ではな

いと知って思いきりプレーすること、楽しくプレーすることが大切と考えること、試合前に好きな音楽を聞くなどがあります。

各自それぞれに、試合場で身体と心をリラックスする方法をつくっておき、それでも緊張してリラックスできないときには、どうするかを決めておくとよいでしょう。

④集中力のトレーニング

集中とは「自分の注意をある対象物(ボールなど)に集め、それを持続すること」です。注意を集中する方法としては、黙想、一点(ボールなど)集中、視線の固定、能動的集中から受動的集中(きっかけになる言葉をつぶやく)、プレーをパターン化するなどがあります。さらに、狭い集中と広い集中(90頁)ができるようにする、集中した動きづくりなどを行うとよいでしょう。

次に、集中を乱されない練習として、相手の動き、声、暑さ・寒さ、光線、風、雨、観衆、騒音などで集中を乱されない(外的集中)練習や、自分の心(不安、勝敗感情)に集中を乱されない(内的集中)練習、最悪のシナリオを想定したなかでの練習があります。

また、集中力を持続する練習として、注意の切りかえ、苦痛の閾値(いきち)を上げる、体力や技術を向上させる、目標を確認

するなどがあります。

　試合場で集中力が切れそうになったときどうするか、つねに考えておくようにします。

⑤イメージによる課題のトレーニング

　イメージの基礎練習、作戦イメージ、ＩＰＲ(Image Play in Room)練習をします。

　基礎練習では、好きな色や風景のイメージ、スポーツ用具のイメージ、試合場全体のイメージ、「見ている」イメージ、「している」イメージ、ベストプレーのイメージを練習します。

　作戦イメージでは、技術面、体力面、心理面の作戦をメモに書いてイメージし、また逆転の作戦もつくっておきます。

　イメージは、視覚的に描くだけでなく、気持ち、音、筋感覚が反応するように描くようにします。静かな部屋でリラックスしていすに座り、目をとじて「1分間イメージ→1〜2分休憩→1分間イメージ→1〜2分休憩→1分間イメージ(合計10分くらい)」を行います。慣れてきたらイメージする時間を2〜3分間に延ばし(合計20分くらい)、練習の前後や自宅で、1日に1〜2回行います。

　ＩＰＲ練習とは、室内の壁にコートやグラウンドを描いた用紙(図4のようなイメージカード)をかけ、それを見ながらイメージしたり、実際に素振りするなど、動き・プレーをリハーサルする方法です。

⑥練習でのメンタルな動きづくり、試合前の心理的準備

　心理的な能力を、動きやプレーとして発揮できるようにするものです。

　試合前の心理的コンディショニングができているかをチェックします。試合前日に、目標や作戦を確認するなどの心理的な準備をして、試合を楽しみに待つような状態がベストです。

⑦本番(試合出場)

　試合前の気持ちづくりの方法を考えておきます。

⑧試合後の反省

　試合中の心理状態をチェックし、目標の達成度、実力発揮度(%)を自分で評価します。

　　　　　　◇

　以上のステップを、どこからでもよいですからくり返し行い、実力発揮度を高め、その確率が安定するようにします。また、①〜⑧のなかでも、とくに④の自分が自分に語りかけるセルフ・トーク(自己会話)はきわめて有効です。言葉に出して、あるいは心のなかでつぶやき、自分に言い聞かせて行ってください。

　　　　　　　　　　(徳永幹雄)

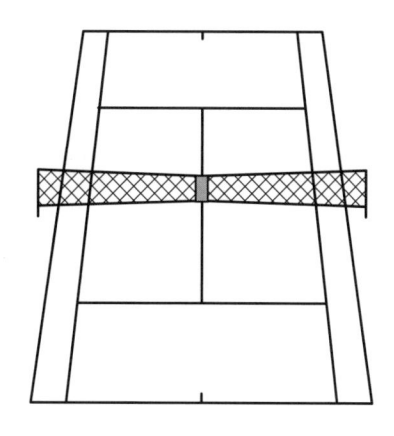

図4　イメージカード

Q2 やる気の高め方
やる気を高めるにはどうすればよいのですか

A 「やる気」，つまり「動機」とは，一定の方向に向けて行動を起こさせ持続させる，過程や機能の全体をいいます。競技者にとってこの「やる気」は，練習および試合においてきわめて重要なものであり，競技成績に大きく影響する要因です。では，「やる気」を起こし，それを維持するための方法をいくつか紹介していきましょう。

1——目標設定とプランニング

練習を行うなかで，試合に向けた目標を明確にしておくことは，やる気を起こすことと，それを持続させるために必要です。与えられた練習メニューをたんに消化するのではなく，「この練習はなんのためのものか」という目的意識をもつことで，やる気の持続性は大きく変わってくるものです。

目標は，その日1日の目標だけでなく，1か月後の目標，1年後の目標といっように，段階を分けて設定するほうが望ましいでしょう。目標は，技術的・体力的・心理的目標に分けて設定し，しかも目標をただ頭に思い浮かべるだけでなく，目標設定用紙などをつくって，具体的に言語化し，記述することで強化することが重要です。

2——目標の評価とフィードバック

段階的に設定された目標は，日ごろの練習過程において，なんらかの方法で評価し，自分自身にフィードバックさせることが重要です。その結果によって，必要であれば目標を修正したり，自分の評価に応じて新たな目標を再度設定することで，やる気を持続させることが期待できます。

この過程では，かりに目標をクリアした場合，達成感が生まれて効力感も高まり，やる気の強化につながります。したがって，高すぎる目標や低すぎる目標は，やる気を起こさせ持続させることには，効果が小さいといえるでしょう。目標設定→評価→目標修正のサイクルを，日ごろの練習で実施しましょう。

3——身近にライバルをつくる

日ごろの練習でライバルを設定することは，競争意欲を促進し，その結果，

図5 目標設定用紙に記述する

やる気の持続につながります。つらい練習も互いにはげまし合ったり，練習の成果を評価し合うことで練習意欲が高まり，試合に向けた意欲が強化されます。身近にライバルがいないときは，手紙やEメールなどを使って競技についての話をしたり，近況を報告し合うことも効果的といえるでしょう。

4── イメージを使う

イメージの効果には，技術を習得することを目的としたイメージ・トレーニングだけでなく，自分自身の気持ちを高める(自己高揚)，サイキング・アップの効果もあります。

日ごろの練習では，その段階ではできない技術やパフォーマンスを実際に自分ができているようにイメージを浮かべたり，優勝して表彰台に立ち，競技場で拍手喝采のなかにいる自分をイメージすることは，自分の思考をポジティブにし，やる気を起こさせ，それを持続させるでしょう。

イメージは時間や場所を問わないので，練習時間以外でも用いるようにすることが望ましいといえます。

5── 規則正しい生活リズム

やる気を持続させるには，疲労やストレスをためこまないことが重要です。そのためには，十分な睡眠と休養，バランスのとれた食事など，規則正しい生活を送ることが基本となります。

このことは，競技者であれば当然のことですが，練習による疲労や故障・ケガ，人間関係からくる精神的ストレスなどが発生することも考えておかなければなりません。

そのようなときのために，自分自身に通用する気分転換法やリラクセーション法をもっておくことが必要です。これをストレス対処法(stress coping)といいますが，やる気の持続にはきわめて重要なものといえます。

(山本勝昭)

1) Murray, H. A.: Explorations in Personality, 1938 (外林大作訳編:『パーソナリティ』1, 2, 1961, 1962).
2) Rainer Martens, 猪俣公宏監訳：コーチングマニュアル,『メンタル・トレーニング』, 大修館書店, 1991.
3) 日本スポーツ心理学会編:『スポーツ心理学Q&A』, 不昧堂出版, 1984.

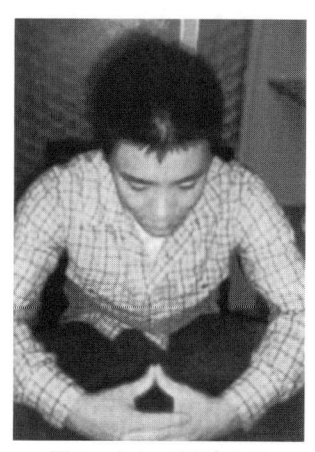

図6　イメージを高める

Q3 リラックス法
リラックスする方法を教えてください

A リラックスするには、大別して2つの方法があります。

ひとつは心(頭)の緊張をといて身体を安定させる方法です。もうひとつは身体の緊張をといて心を安定させる方法です。スポーツ選手はこのふたつの方法を身につけ、競技場で実践できるようにしておくことが必要です。

1──心(意識,認知)をリラックスする方法

①自分の目標をどのようにして達成するかを考える。
②勝ち負けも大切だが、それよりも自分のプレーをすること、自分の実力を発揮することはもっと大切であると考える。
③負けることは恥ではない、人より劣っていることは恥ではない、思いきりプレーすること、楽しくプレーすることが大切であると考える。
④好きな音楽を聞く。

2──身体をリラックスする方法

①呼吸法

いすに座っておなかの上に両手を乗せ、深い腹式呼吸をします(4-4-8拍子)。

鼻から息を思いきり吸い込みながら、心のなかで1〜4まで数え、吸い終わったら、息を止めて1から4まで数えます。息をゆっくり口からはきながら1から8まで数え、息を残らずはき出します。これを4回くり返します。息を吸うときに意識的に胸を張ったりおなかをふくらませ、はくときには、おなかをゆっくりとへこませるとよいでしょう。

②自律訓練法(手足をあたたかくする)

この方法は、1932年ドイツの精神医学者シュルツ(Schultz, J.H.)によって開発されたものです。静かな場所でリラックスした姿勢を保ち、受動的な心がまえ(「がんばってやるぞ!」という能動的な心がまえではなく、心をむなしくして、次にくるものを無心に待つ状態)で、心のなかで一定の公式(たとえば、安静練習では、「気持ちが落ち着いている」)を唱えていきます。

こうすることによって、受動的な注意集中が得られ、心身の再体制化(精神的切りかえ)が起こります。つまり、心身の働きが改善され不安が解消されて、精神が安定し、身体的にも快調な状態になるのです。また、自分をよくコントロールできるようになり、自分のおかれている状態についての洞察が深まるので、潜在能力の発揮にもつながります。

姿勢は、あおむけ臥位または座位で、閉眼にします。練習時間は1日3セッシ

ョンで，1セッション3回(1日の合計9回)練習します。1回あたりの時間は，はじめは30〜60秒でよいのですが，なれてきたら1〜2分とします。1回の練習ごとに調整運動(両腕を3回屈伸)をして，1〜2回深呼吸をしてから眼をあけます。

　自律訓練法には6つの公式がありますが，第2公式(温感練習，「両腕両足があたたかい」)と第6公式(額涼感練習，「ひたいが涼しい」)を練習します。

③漸進的リラクセーション法(筋肉の緊張とリラックス)

　アメリカの神経生理学者ジェイコブソン(Jacobson, E.)は，1929年に『漸進的リラクセーション』という本を発刊し，筋肉をリラックスさせれば，大脳の興奮が抑制され，精神的な安静が得られてストレスがへることを示しました。

　これは筋弛緩法ともいわれ，心が身体に影響するしくみの逆作用であり，筋感覚によって筋肉の緊張をとき，精神的な安定をはかろうとする方法です。こぶしと腕，顔面，頸，肩，胸部，腹部，背部，大腿部，足および全身の順に，緊張とリラックスをくり返すことにより，リラックスの感じを習得します。

④イメージ法

　心のなかに鮮明な像を描く方法で，イメージするのは広々とした風景や心が落ち着く風景がよいでしょう。過去の成功体験や楽しい思い出をイメージに描くのも効果的です。

⑤バイオ・フィードバック法

　バイオは「生体」，フィードバックは「還元」を意味します。生体の情報(脳波，筋電，皮膚温，心拍，血圧，呼吸，皮膚の電気抵抗など)を音信号や色・数字などに変え，それを本人に知らせることによって緊張や弛緩の状態を認知させる新しい方法です。

　その音や色・数字などを手がかりにして，心身のコントロールをトレーニングします。これまで主観的にしか評価できなかったリラクセーション状態を，客観的に知ることができるので便利です。

⑥体操・ストレッチ・練習

　試合前に軽く柔軟体操，ストレッチング，ジョギング，技術練習などをします。通称ウォーミング・アップとよばれるこの方法は，心身をリラックスする方法でもあります。

⑦その他

　日常生活においては，音楽・絵・書などの趣味的・文化的活動，し好品としてのお茶・コーヒーなどのほか，入浴，睡眠，食事，旅行，ショッピングなどによっても心身をリラックスすることができます。

3──競技場で心身をリラックスする

①これまでに練習してきたリラックス方法を，試合の前，試合中，試合後に実際の動きや表情，言葉のなかでできるようにします(たとえば，手足を動かす，肩の上げ下げをする，笑顔をつくる，など)。

②「だれが見てもリラックスしているように見える動き」ができるように，心がけるとよいでしょう。

(徳永幹雄)

Q4 集中力のつけ方
集中力をつける方法を教えてください

A 集中力とは,「自分の注意をある対象物や課題に集め,それを持続すること」です。したがって,スポーツ選手にとっては,もっとも重要な心理的スキルといえます。注意を集中する練習,集中を乱されない練習,そして,集中を持続する練習が必要です。

1――注意を集中する練習
①黙想(もくそう)をする

いすに座ったり正座をしてリラックスした姿勢をとり,目を閉じます。最初は目を閉じるだけでよいのですが,しだいに自分のはく息や何かひとつのことに注意を向けるようにしていきます。1回1～2分とし,休憩を1～2分入れてくり返し,合計10分ぐらい行います。しだいに黙想の時間を長くします。

②一点集中

目をあけた状態で,ボールや標的などの用具に自分の注意を集めていきます。集中力の原点は一点への集中です。15秒間,30秒間,60秒間と少しずつ時間を長くしていきます。

③視線の固定

ある対象物(標的,ゴールなど)に視線を集めていきます。その際,まばたきをしないように注意します。

④受動的集中をつくる

集中は,はじめの能動的集中(集中しようとしている状態)からやがて受動的集中(無心になっている状態)に移ります。「集中!集中!」と自己暗示をかけて,受動的集中をつくっていきます。集中しようとしている状態は,「集中しよう」ということに注意が向いているので,真の集中とはいえません。そういう状態から無心にプレーをしている状態をすばやくつくれるようにしていきます。

⑤プレーをパターン化する

プレーをする前に,自分なりのパターンをつくり,しだいに気持ちを集中させていきます。プロ野球の選手がバッターボックスに入ってから行う動作を思い出すなどして,集中力を高めていくとよいでしょう。

⑥狭い集中と広い集中ができるようにする

弓道,アーチェリーなどの標的競技の場合は,標的という比較的狭い一点に注意を集中する練習が必要になります。しかし,サッカー,野球,バレーボールなどのチームスポーツでは,ボールだけを見るのではなく,相手,味方の位置や動きなど,広い場面に注意を向けなければなりません。ここでは狭い集中と広い集中の練習が必要となります。

⑦内的・外的集中ができるようになる

内的集中とは,自分の身体や心に注意を向けることです。自分の身体的なコンディション(体調)や気持ちのもち

方を注意深く観察してみましょう。体調・調子が悪ければ，悪いなりにプレーを組み立てるようにしていきます。

外的集中とは，暑さ・寒さ，雨，太陽の光線，風，観衆，場所，相手チームなど，さまざまな環境条件に対して，的確な注意を払えるようにすることです。

⑧集中した動きを練習する

選手が集中しているか，していないかは，外部のコーチや観客側から見ているとよくわかります。したがって，選手側から考えると，つねに集中しているような動きができればよいわけです。ビデオなどで自分の動きをチェックして，集中していない動作があれば，それを修正するとよいでしょう。動きを変えて，心を変えるのです。集中した動きをしていれば，おのずと気持ちも集中してくるものです。

2──集中を乱されない練習

一時的に集中することは，だれにでもできますが，雨が降ったり，相手が強すぎたりして，状況，環境が変わったときに，いかに集中力を乱されないかが問題であり，そのための練習をしておかなければなりません。

①外的条件から集中を乱されない

先述したような外的条件(雨，風，暑さなど)によって集中を乱されないように，雨のなかで，風のなかで，暑さのなかで練習し，それに対応できるようにしておくことが大切です。そのためには，気持ちだけでなく，服装，用具，食べ物，冷水などの準備も必要になりますし，ぬれたボールを使った練習の工夫なども必要になります。

②内的集中を乱さないようにする

集中力を乱す最大の敵は，自分の心です。試合前の不安な気持ち，試合の進行にともなう気持ちの変化，勝利寸前の気持ちの変化で，心を乱すことがひじょうに多いのです。これを克服するには，消極的な気持ちのもち方を積極的な気持ちに変える方法を身につける必要があります。たとえば，ボレーで「ミスをしないようにする」のではなく，「ボレーを決める」と積極的に考えるようにします。

3──集中力を持続する練習

①注意の切りかえ

失敗したあと，少しの間ほかのことを考え，あるいはほかの動作をするなどして，新たに注意を集中します。

②苦痛の閾値を上げる

苦しい，疲れたなどの苦痛がともなうと集中力が切れるので，そうした苦痛に耐える限界を高めておきます。

③体力・技術を高める

集中力を妨害する要因に，体力，技術があります。疲れてくれば集中力が切れるし，相手が強すぎても集中できません。集中力を持続するには，とくに持久力を高めておくことが必要です。

④目標を設定する

相手が強くても弱くても，プレーに対する目標を設定してプレーするようにします。「1ゲームで何点取る」などの具体的な目標を設定し，勝っても負けても集中力を持続できるようにしておきます。

(徳永幹雄)

イメージ・トレーニング法
Q5 イメージ・トレーニングのしかたを教えてください

A **1——イメージ・トレーニングとは**
イメージ・トレーニングとは、自分の動作をイメージで再現して不適切なところを見いだしたり、あるいは理想的なフォームをイメージに描くことによって練習を行うもので、実際の身体運動をともなわない練習です。

イメージ・トレーニングを練習として導入するためには、導入の時期が大切になってきます。初心者のレベルでは、①実際の自己の運動とのギャップがありすぎる、②描くイメージが不正確で明瞭性に欠ける、③イメージのなかの誤りに気づかない、ということがあり、あまり効果が期待できません。したがって、イメージ・トレーニングを導入するにあたっては、その適切な時期を慎重に考えなければなりません。

しかし、イメージ・トレーニングを同じように実施しても、実際の効果は個人によって異なってきます。これは、その競技者がどれだけ効率的に課題をイメージできるかという能力に、その効果がかかっていると考えられるからです。

日常の練習のなかで、イメージがどれだけ明瞭に、また意図するように描けたかをみるイメージ能力は、イメージ・トレーニングを実施したあとに、実際の記録や技能の進歩を評価し、資料として積み重ねることによって、ある程度推定することが可能です。また、この能力を判定するための心理検査も数種類あり、スポーツ・カウンセラーなどに積極的に相談することも考えてよいでしょう。

2——イメージ・トレーニングの場面
イメージ・トレーニングは、実際的な競技の場面で利用される場合、大きく分けて3つの場面が考えられます。

第1は、技能遂行の直前直後です。本番の試合の前に、よくできたときの試技イメージを描いてリハーサルしてみることにより、動作系列などが明確に意識化され、技能遂行がスムーズにできるようになります。

第2は、実際の練習と練習の間で行うイメージ・トレーニングです。この場合、単調になりがちな身体練習に変化を与えることによって、競技者の動機づけを高めたり、身体的な疲労をともなわないで練習ができるなどの利点があります。また、記憶強化のためのイメージ・トレーニングが応用されます。

第3は、試合の前・中・後における作戦などに関連した利用法です。あらかじめ可能な状況を読み、それに対処する方法をイメージに描いてリハーサルしておけば、実際場面での反応は速く

なり，動作自体も正確になると考えられます。

3——イメージ・トレーニングの方法

これまで述べてきたことを踏まえて，イメージ・トレーニングの効果的な実施方法を説明しましょう。

イメージ・トレーニングは，単にくり返し行えば効果があがるというものではなく，実際練習と同じく効果をあげるための練習条件がいくつか考えられます。それらのうち，主な条件は，次のようになります。

①イメージ・トレーニングに先だって，まず心身をリラックスの状態にしておくことが重要です。リラックス状態におくことが，より鮮明でコントロールしやすいイメージを描くことにつながっているからです。

②イメージを描く際の姿勢は，横に寝た状態よりも座位または立位の姿勢がよいといわれています。これは，横に寝た状態では覚醒水準が下がり，眠りに落ちやすくなるからです。

③視覚，聴覚，運動感覚などすべての感覚を活用してイメージを描くことが，より具体的で正確なイメージを描くことになります。

④イメージ・トレーニングを行う場合，いきなり目標とする技能をイメージするのではなく，まず簡単な日常的な場面，あるいは，動作など明瞭にイメージを想起できるものから始め，しだいにめざす技能へとイメージの内容を変えていく，いわゆる易から難への段階的ステップを踏むことが大切です。

⑤イメージ・トレーニングは，できるだけ実際の練習に近づける意味で，具体的に動作をともなわせたり，あるいは日常的に使われる動作をあらわす言葉をともなわせるようにします。

⑥1回の練習時間は集中して行い，時間は5分以内にします。

⑦イメージ・トレーニングは，実際の身体練習と交互に行うようにしましょう。

⑧他人の動作を見ているイメージを描くのではなく，積極的に自己が遂行しているイメージを描くことが大切です。

⑨イメージ・トレーニングは，試行を重ねるたびに，描かれるイメージが鮮明になり，正確になる傾向があります。練習のくり返しを十分に行いましょう。さらに，くり返しのなかで一貫性が求められることから，毎日同じ時刻に同じ時間・規則的に練習する習慣をもつことが大切です。

次に，チーム・スポーツの場合，ビデオを活用して成功プレーを編集し，チームとして連係プレーのイメージ・トレーニングを行うことは，状況判断や共通認識を高めるうえで効果があります。

以上のような条件が，イメージ・トレーニング練習の効果をあげる一般的な条件です。

(山本勝昭)

1) 猪俣公宏・山本勝昭：「メンタルマネジメントに関する研究」，日本体育協会・JOC報告書(1995～1998).

Q6 自信のつけ方
自信をつけるにはどうしたらよいのですか

A 1——成功は自信の源
スポーツでは，練習や試合がくり返し行われます。そして，試合では「勝ち・負け」「成功・失敗」が体験されます。相手に勝ち，あるいは成功をおさめると，はかりしれない自信が生まれます。したがって，競争で「勝つこと」や「成功」をどのように位置づけるかは，重要な問題です。危機的状況における能力発揮の自信や努力すれば報われるといった成功への自信は，積極性を生み，新たな価値ある目標の設定へと発展します。

バンデューラ(Bandura, A)[1]は，図7のように，自信を効力期待感と結果期待感に分けています。効力期待感は，一定の結果を生み出すのに必要な行動をうまくとることができるという確信です。そして，結果期待感は，一定の行動は一定の結果を導くであろうという個人の見積りです。この効力期待感を自己効力感とよび，行動変容の重要な要因であると指摘しています。スポーツ選手の自己効力感は，いろいろなパフォーマンスを高めると報告されています。そして，スポーツの体験によって養われる自信(自己効力感)は，自己概念を高めることになります。

2——自信のある人の行動
自信とは「ある行動をうまく遂行できるという信念」であり，自分の成功・失敗を予言することになります。自信がない人とある人では，行動のしかたが違ってきます。たとえば，自信のある人の行動は，下記のような行動となってあらわれるでしょう。

①プレッシャー場面でも平静でいられる。
②心配ごとに注意を奪われず，プレーに集中できる。
③挑戦的な目標を設定する。
④努力の持続性を増大する。
⑤積極的なショット(プレー)を選択する。
⑥苦痛場面でもあきらめない。
⑦実力発揮を可能にする。

だれでも「自信をもつことはよいことである」ということには納得するでしょう。私たちは生活するうえでも，スポーツをするうえでも，自信があればのびのびと楽しく生活でき，プレーすることができます。

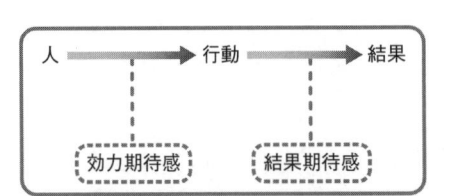

図7 効力期待感(自己効力感)と結果期待感の相異をあらわす図式 (バンデューラA, 1985)

では、これほどに大切な自信とは、どのようにしたら身につくのでしょうか。

3──自信をつける方法

ワインバーグ(Weinberg.R.S.)[2]は、『テニスの心理学』という本のなかで、自信をつける方策として、次のことをあげています。
① 成功経験をもつ。
② イメージ法による成功経験をもつ。
③ 自信があるようにふるまう。
④ 積極的な考え方をする。
⑤ 体調を整える。
⑥ 攻撃のプランをもつ。
⑦ 試合前の行動に一定の手順を確立する。
⑧ 上位の選手とだけでなく、自分の実力に見合った選手とプレーする。
⑨ 相手がうまくプレーしていても自信を維持する。

これらには、ひじょうに大切なことがいくつもあげられています。まず、成功体験とは、スポーツでは「勝つ」ことだけが成功ではないことをしっかり認識しておくことです。スポーツで勝つことは大きな自信になります。しかし、負けても自信につながるような試合をすることが大切です。これは目標との関係から生まれます。試合に出るときは、「結果に対する目標(優勝とか順位など)」と「プレー(パフォーマンス)に対する目標(どんなプレーをするかなど)」をつくることが大切です。つまり、試合には負けても、プレーに対する目標が達成されれば「成功」と考えるのです。したがって、試合をするときは目標をし

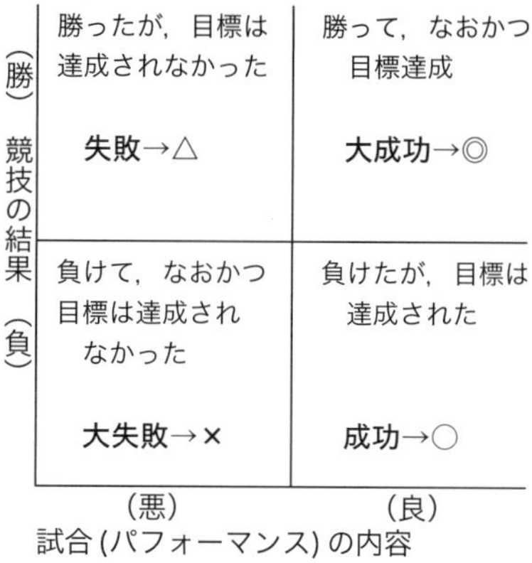

		(悪)	(良)
競技の結果	(勝)	勝ったが、目標は達成されなかった　失敗→△	勝って、なおかつ目標達成　大成功→◎
	(負)	負けて、なおかつ目標は達成されなかった　大失敗→×	負けたが、目標は達成された　成功→○

試合(パフォーマンス)の内容

図8　試合後の反省のしかた
(マートン,1991を改変)

っかりつくって出場することが大切になります。たとえ負けても成功するように挑戦して、自信をつけていくということです(図8)。

自信をつける方策②〜⑨は、それぞれ説明が必要ですが、紙面が足りませんので、その内容をしっかり吟味してください。

さて、自信は大きすぎても小さすぎても困ります。要は、現在の環境のなかで、やれるだけの練習をし、あらゆる準備をして、「やるだけはやった」、「いまの自分にはこれ以上はできない」、「これでいい試合をしよう」といった心境になれば、試合に対して自信が生まれてくるはずです。

(徳永幹雄)

1) バンデュラ,A.,園田順一他訳:『自己効力感─行動変容の統一理論に対して』、教育医学研究,28,p. 47-72, 1985.
2) ロバート・ワインバーグ,海野孝・山田幸雄・植田実共訳:『テニスのメンタルトレーニング』、大修館書店,1992.
3) R.マートン,猪俣公宏監訳:『メンタルトレーニング』、大修館書店,1991.

Q7 ビジュアル・トレーニング法
ビジュアル・トレーニングについて教えてください(VTRの活用法を含む)

A 1――スポーツと視覚の関係

スポーツと視覚の関係が，スポーツ種目によって重要度が異なるものの，ピーク・パフォーマンスに影響を与えることはコーチや選手ならだれでも経験的に知っているはずです。視力の影響が大きいスポーツは，野球やサッカー，バレーボール，テニス，卓球などのオープン・スキルといわれる種目です。高速で動く小さなボールを打ったり，ボールを追跡するときの視覚能力が低いと，最高のパフォーマンスは発揮できません。しかし，たんに視力がよければ，最高のパフォーマンスを発揮できるというわけではなく，動体視力や瞬間視，眼球運動，有効視野などの視機能の向上が深く関与しています。

ビジュアル・トレーニング(視覚的トレーニング)とは，視機能をそれぞれの目的に応じた訓練で向上させ，それを最高のパフォーマンスにつなげることを目的としています。ここでは，それぞれの視機能が，実際のスポーツ場面でどのように関係しているのか，例をあげて紹介します。

①眼球運動

スポーツにおいては，あらゆる角度の目標から目標へ，正確で俊敏に，そして円滑に移動し，ゲーム中に発生するさまざまな情報をつねに網膜上で正しくとらえることのできる，すぐれた眼球の運動性をもつことが際限なく要求されます。野球，バスケット，テニスなど，すべての球技スポーツでとくに重要な要素です。

②奥行き知覚

スポーツ場面では，ボール，対戦相手の選手，そのほかのターゲット(ゴール)など，さまざまな目標物を目でとらえながら，その目標物までの距離をたえず正確に把握して，ボールを投げたり，ラケットを振ったり，動きまわらなければなりません。空間における自分の位置感覚，距離判断を誤ると，プレー中に大きなミスにつながる可能性があります。

③周辺視野

コートやフィールドなどでは，あらゆる角度からの多種多様な情報を瞬時にとらえ，その状況に応じて対処することが要求されます。

ボール，対戦相手，フェンス，コーチなどをたくみに視界に入れ，試合中に自分のおかれた状況や局面などの情報を周辺視野のなかに取り入れることにより，試合の流れの微妙な変化さえも，適切に感じ取れるレーダーのような精度の高い周辺視野が求められます。

④反応時間

試合中には，その場面場面でたえず

何をすべきか，または逆に何をするべきでないかをすばやく意思決定し，その決定どおりに実行に移せることが必要です。

スポーツ選手がすばやく目標物を認識し，瞬時に的確な反応をするためには，身体の動きもさることながら，眼の反応時間のトレーニングをくり返し行う必要があるでしょう。

2──ビジュアル・トレーニング法

では，いくつかの視機能をあげ，そのトレーニング方法を紹介します。

①眼球運動

動いている電車やバスの窓から，景色や看板の文字を正確に読む。

②動体視力

いろいろな数字や文字を書いたボールを放り投げて，床に落ちるまでにその数字や文字を読み上げる。

③周辺視野

ドアのノブを見ながら，ドアの横に何があるのか，その横は？それは何色？というように注意を周辺にくばる。

④焦点調節機能

遠くから近く，近くから遠くに視線を交互に移し，両方の目標とも正確に読み取る。

⑤瞬間視

道を歩きながら瞬間的に後ろを振り返って，後ろの状況をどれくらい正確に把握できるかトレーニングする。

⑥眼と手(足)の協応作用

足のトレーニングでは，不安定な台の上に乗り，点灯した方向にすばやく台を傾ける。

図9　動体視力向上のトレーニング

3──ビジュアル・トレーニングの効果

次に，ある大学野球部を対象に行ったビジュアル・トレーニングの効果を紹介しましょう。この研究は，7人の野球選手を対象に動体視力の向上を目的として，1週間のトレーニングを行ったものです。トレーニングに用いられた器具は，アキュービジョン1000システムで，動体視力の測定とトレーニングに活用されます(図9)。トレーニングの結果は，ほとんどの選手に動体視力の向上が見られます。

ビジュアル・トレーニングを行うにあたっては，対象となる競技種目の特性と，要求される視機能との関係を指導者が十分に理解し，それを選手に伝え，選択的にトレーニングを実施することが望まれます。　　(渡邊修，山本勝昭)

1) 石垣尚男：『スポーツと眼』，大修館書店，1992.
2) 内藤貴雄：『眼で考えるスポーツ』，ベースボールマガジン社，1995.
3) 真下一策，石垣尚男，遠藤文夫：『スポーツビジョン・トレーニング―スポーツ科学のための眼の科学的強化法』，ナツメ社，1995.

Q8 チームワークの高め方
チームワークを高めるには,どうしたらよいのですか

A 1——チームとしての集団目標と個人目標役割の確認

チームづくりを行ううえで,いちばん大事なことは,チームの目標を決定することです。それも,チームメイト全員が理解できる具体的な目標が必要です。

地区大会で勝つのか,県大会で勝つのか,全国大会に出場するのか,優勝をねらうのか。まず,その目標を達成するための方法や課題(行動目標)を具体的に設定し,みんなで認識し合うことが大切です。

目標は,達成可能なものでなければなりません。むりな目標であったならば,その目的意識は自然とうすれていき,チーム全体のモラルは低下します。したがって,達成可能な目標を設定し,具体的に心理・技術・戦術・体力的な目標と課題を明確にすることが重要になります。その目標も,段階的(短期・中期・最終)に設定することが望ましいでしょう。

次に,その目標を達成するための戦略を立てます。目標を達成するためには,どのようなチームをつくらなくてはならないのか,攻撃型のチームにするのか,守り型のチームにするのか。そのスタイルやシステムはどうするのか。このようなさまざまな戦略を決め,チーム全員で認識します。そして,その戦略に必要な個人の役割や課題を明確にしていきます。

2——コート内のチームワーク

攻守にわたるみごとな連係プレーは,言葉・サインによるプレーのみならず,その状況に応じた臨機応変で自在なプレーで究極のチームワークをつくり出します。互いの動きの特徴をふだんの練習のなかでしっかりつかみ,目をとじても動きがわかるようなブラインド・コミュニケーション・プレーを練習することが必要です。

3——コート外のチームワーク

このように,コート内のチームプレーの達成目標,プレーヤーとしての技術的課題や役割があるほか,集団や組織としてのリーダー,マネージャーなど,集団のなかの地位や役割もあります。これをコート外のチームワークといいます。

チームとしてのワーク(働き)は,チームを構成するメンバーがチームや個人の目標を理解し,互いがその目標を達成する方向でワークし合っている,という認識が大切です。その確認,評価をするには,ミーティング,日誌,個人間の十分な意思の疎通(コミュニケーシ

ョン)がなされなければなりません。

4——チームとしての競争と協同の意味の理解

　チームスポーツの場合，ふつうレギュラー枠というものがあります。同じチーム内に自分と技術レベルが近い人がいる場合，試合に出場できるレギュラー枠を争うことになりますが，これは競争の一形態です。互いが自分の技能を磨き，レギュラー枠に入ろうと努力することによって，チーム全体の技術レベルが向上していきます。いうなれば，チーム内に「よきライバル」がいることによって，チーム全体の技術レベルが向上していくことになります。

　しかし，対外試合になるとチーム全員が協力し合って，時にはライバルのミスを補ったり，はげまし合ったりし，勝利に向かって相手と戦わなければなりません。このようなメンバーの相互的な働きは「協同：Cooperation」といわれます。このように，競争と協同をチーム目標に向けて有効に活用することも，チームスポーツにおいてはワークとして大切な働きのひとつです。

5——集団のまとまり(凝集性)

　チームが競技志向を目標にするか，リクリエーション志向を目標にするかによって，目標とするプログラム(練習メニュー)を考える必要があります。年度計画を立てるときにこのことを集団で意思決定する必要があります。伝統のある部では，すでに競技志向が強く，それを承知のうえで新人が入部してくるので問題はありません。競技志向の部では「所属・課題による凝集(試合で勝つこと，チームそのものや集団の所属に魅力をもつ)」が強く，「対人魅力による凝集(人がらにひかれる，仲間としてつき合いやすい，その人といると楽しいなど)」は弱いといわれています[1]。競技志向のチームといえども，その人の能力や人柄を認め合い，参加型のチームづくりをすることが大切です。たとえば，チームとしての目標を達成する課題解決のための練習メニューを部員参加型で確立していくことなどが肝要になります。

6——客観的データを使ったチームワークの評価

　チーム目標に向かって，コート内外でメンバーがワークし合っているかを評価し，フィードバック(選手たちに返す)することは重要です。

　チームワークの評価には，ＳＰＴＴ(チーム有能感テスト)やリーダーシップ，集団のまとまり(凝集性)，ソシオメトリー，チーム内認知テストなど，集団の構造と機能を測定する客観データとともに，動きを客観的にとらえるために，編集されたＶＴＲを活用します。

(牛原信次・山本勝昭)

1) 阿江美恵子：「集団凝集性と集団志向の関係および集団凝集性の試合成績への効果」，体育学研究，29(4)，1985.
2) 賀川昌明：「チームの心理」，松田岩男他：『スポーツと競技の心理』，大修館書店，1986.
3) 山本勝昭：『A級コーチ教本　バレーボール』，日本体育協会，1993.

試合前・試合中の心理
Q9 試合前の心理的コンディショニング法や試合中の望ましい心理状態のつくり方を教えてください

A これまで練習したことを試合という本番で十分に発揮するためには，それなりの努力が必要です。とくに，試合前1か月から1〜2日前の心理的コンディショニングと，試合中の望ましい心理状態をいかにしてつくるかがカギとなります。

1──試合前の心理的コンディショニング
①スケジュールの調整をする
大会前後に発生する勉強・仕事のこと，約束ごとなどを調整し，やり残したり，気になることがないようにしておきます。

自分の部屋もきれいに片づけ，心おきなく大会に参加できるように準備しましょう。

②睡眠，食事の注意
大会の開始時間に合わせた生活に切りかえるようにします。少なくとも10時ころまでに寝て，朝は少し早めに起き，朝食はかならずとるなど，規則正しい生活を送るようにしましょう。夏季はとくに寝室のクーラーに注意したり，試合場での氷の準備なども必要です。

③目標を確認する
チームの目標と個人の目標を確認します。結果に対する目標とプレーに対する目標(技術，心理，体力)を明確にします。

④大会までの気持ちづくりをする
1) 忍耐度……苦しい練習に耐える。結果を出すためには何ごともがまんする。
2) 闘争心……精神的に燃えている。「やってやるぞ」という気持ちをもつ。
3) 自己実現意欲……可能性へ挑戦する気持ち，目標達成への気持ちをもつ。
4) 勝利意欲…… 勝ちたい気持ちをもつ。勝ったときのことを想像しながらトレーニングや練習をする。
5) リラックス度……不安にならない。楽しいことを考える。
6) 集中度……練習に集中し体調を維持する。トレーニングや練習を中心にした生活に変えていく。
7) 自信……「やるだけはやった」という自信をもつ。実力発揮への自信をもつ。
8) 作戦思考度……情報を収集し，イメージ・トレーニングを実施する。
9) 協調度……チームワークを高める。

⑤作戦のリハーサル
1) あらゆる作戦をメモに書く。
2) 作戦をイメージする。
3) コートやグラウンドなどの絵を描き，自分の部屋で素振りをしたり，動きをリハーサルする。
4) 作戦を練習場でリハーサルする。

⑥もし，不安になったら
1) 自分のプレーをどのようにして発揮

するか，を考える。
2)「負けることは恥ではない」「思いきりすること」「自分のプレーをすること」「全力を出しきること」が大事だと，自分に何度も言い聞かせる。
3) 好きな音楽を聞くなど，趣味的活動をする。軽いストレッチング・体操・散歩などをする。
4) 試合前夜に眠れないときも同じである。寝た姿勢で「両手があたたかい」とつぶやく。「横になっているだけでもよい」と考える。

2──試合中に望ましい心理状態のつくり方

①試合前日
心理的準備をしながら，試合前日を迎えましょう。次のことを確認しておきます。
1) 試合会場
2) 対戦相手や対戦チーム
3) 試合前日や当日の朝にすること。
4) 試合場での過ごし方(食物，飲物，休憩など)で注意すること。
5) 目標(結果とプレーの目標)
6) 試合への積極的な気持ちづくり
7) 作戦(技術・体力・心理的作戦，逆転の作戦)
8) 試合場に持っていくもの(とくに，忘れると困るもの)

以上のことを確認し，「やるだけやった，明日の試合が楽しみだ」という心境で前日を過ごします。

②試合直前
1) 十分にウォーミング・アップをして，余裕をもって試合開始を待つ。
2) 練習では「優勝」「ベスト4」を目標にがんばるが，試合直前では「自分の実力を発揮するのだ」「自分のプレーをするのだ」「自分の目標を達成するのだ」と言い聞かせる。試合直前には身体を動かしながら，望ましい気持ちづくりをする。

③試合中
1) 勝っていれば作戦はそのまま。
2) 負けゲームや失敗がつづいたら，作戦を切りかえる。決断は早く。
3) リードしても積極的・攻撃的なプレーをする。油断したり，相手に同情的にならず，とどめを刺す気持ちをもつ。
4) 接戦になったら「絶対勝つぞ」「相手も苦しいんだ」と闘志を燃やす。最後は，どれくらい勝ちたいかの意欲で決まる。
5) ダブルスやチームゲームでは，パートナーやチームメイトに元気が出て，よいプレーができるように言葉かけをする。
6) 試合中には，前述した12の心理的スキル(80頁参照)を動きやプレーとして発揮する。

④試合後
勝っても負けても互いの健闘をたたえます。勝者としてのマナー，敗者のマナーを守りましょう。たとえば，勝者はすなおに勝ったことを喜び，試合後に握手や言葉(会話)かけをして，敗者の心境を思いやり，敗者はいいわけばかりせずに，勝者をたたえるなどです。

(徳永幹雄)

Q10 セルフトーク(自己会話)
セルフトークにはどんな意味があるのですか

A セルフトーク(Self-talk, 自己会話)の説明をする前に, 次の実験をしてみてください。

【実験】 5円玉に約25cmの糸をつける。直径20cmくらいの円を描き, そのなかに十字を描く。その中央に先の5円玉をおく。利き腕のひじをテーブルにつけ, 親指と人さし指で糸をもつ。前腕を45度に上げ, 5円玉をテーブルから1～2cmもち上げる。そして, 5円玉がある方向に動くように頭のなかで,「左右にゆれる, 前後に動く, 右まわり, 左まわり」と考えたり, つぶやいたりする。すると, ただ頭のなかで考えたり, つぶやいたりしただけなのに, 5円玉はそのように動き始める。

これはシェブリル(Chevreul)の「振子暗示」という有名な心理実験です。つまり, 私たちの身体は, 頭のなかであることを考えたり, 実際につぶやいたりすると, それと同じように神経が興奮し, 身体が反応するということです。

たとえば, スマッシュを失敗したとします。これを「おしい！ 今度はしっかりかまえて決めるぞ！」と考えればプラス(積極的)思考であり,「しまった！ スマッシュはダメだ！ またきたらどうしよう！」と考えると不安・緊張が増すことになり, マイナス(消極的)思考ということになります。プラス思考をすれば身体はスムーズに動き, マイナス思考をすれば身体はうまく動かなくなるということです。つまり, プラスのセルフトークが必要であるということは, 失敗したことが問題ではなく, その後の考え方やつぶやき方が身体に影響するから大切だという意味です。

1──心理的スキルのためのセルフトーク

最高のプレーをしているときは, あまり何も考えていないのがふつうです。しかし, すべてうまくいくとはかぎらないので, そのとき, 何かを考え自分との会話をすることが必要になります。先に紹介した心理的競技能力の12のスキル(忍耐力, 闘争心, 自己実現意欲, 勝利意欲, 自己コントロール, リラックス, 自信, 決断力, 予測力, 判断力, 協調性, 80頁参照)について, それが必要とされるとき, 自分は自分にどう会話するかを決めておくとよいでしょう。たとえば, 忍耐力であれば「最後まで動き回るぞ！ 逆転するぞ！ もう1点とるぞ！」などというせりふを前もってつくっておくのです。

2──セルフトークの改善法

うまくいかなかったときに, 何を考え, 何をつぶやいているのか, 逆に, うまくいったときは何を考え, 何を語り

かけているかを思い起こし，反省することが必要です。ワインバーグは，セルフトークの改善策として，次の5つを述べています。

マイナスのセルフトーク	(転換)	プラスのセルフトーク
・負けたらどうしよう	→	ベストをつくすことが大切だ
・失敗したら恥ずかしい	→	思いきりすることが大切だ
・もう負けそう	→	もう1点取ろう

①振り返って思い出す

セルフトークの内容と頻度を調べ，よいときと悪いときのセルフトークとして，どんなことを考え，いっているかを調べてみます。

②スポーツ日誌を書く

自分がしているスポーツで，いろいろな場面でどんなことをいっているかを日誌に書きます。テニスであれば，重要なポイントを失ったとき，逆転されたとき，ダブルフォルトをしたとき，チャンスボールをミスしたときなどに分けて書くとよいでしょう。

③マイナス思考を中断する

プレーを悪くする前にマイナス思考を中断させます。マイナス思考をしていることに気づくことが大切です。中断するために，簡単な言葉（「ダメダメ！」など）や合図（脚をたたくなど）を用います。ほかにイメージを用いる方法があります。目をとじて，マイナス思考をしているところを思い描き，それを中断している場面をイメージするものです。練習場でもマイナス思考を中断する練習をします。

④「マイナスのセルフトーク」を「プラスのセルフトーク」に転換する

自分にとってよくないセルフトークの一覧表をつくり，なぜマイナス思考をするのかを考え，それをストップさせます。まず，練習場面でマイナス思考をストップした後に深呼吸をし，息を深くはき，リラックスすると同時に，上のようなプラスのセルフトークをくり返します。次に，試合場でそれを実践できるように練習します。

⑤不合理な考えを打ち消す

スポーツ選手として望ましい考え方をもっておくことが必要です。望ましくない考え方をもっていると，いくらプラスのセルフトークをしようとしてもうまくいきません。望ましくない考えには，次のようなものがあります。

1) 完璧なプレーができる。
2) 敗戦の原因は，外的要因（風，コート，審判，暑さ・寒さなど）にある。
3) 試合のはじめに調子が悪いときは，立ちなおれない。
4) コート上のプレーの善し悪しが，自分の人間としての価値に反映する。
5) コート上で思いどおりにいかないことがあると頭にくる。
6) 負けた試合のことはただ忘れようとする。
7) 自分自身に対して批判的なほうがよいプレーができる。

望ましいセルフトークをすることにより不安をへらし，集中力を増すことができます。また，自信を向上させ，パフォーマンスの向上に役立ちます。

(徳永幹雄)

1) ロバート・ワインバーク，海野孝，山田幸雄，植田実共訳：『テニスのメンタルトレーニング』，大修館書店，1992.

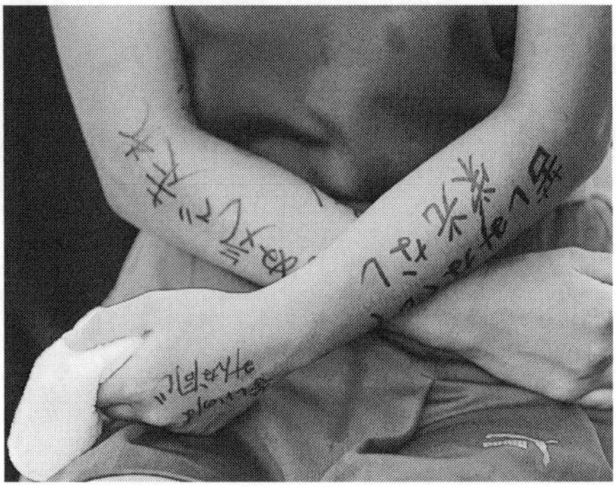

第5章

食べて勝つ

1 スポーツ選手に必要な栄養素

　身体は，毎日の食事からとる栄養によってつくられています。運動にあった適切な栄養素を毎日の食事で摂取するためには，まず栄養素の役割を知っておくことが必要です。

　図1に，それぞれの栄養素の主要な役割を示しました。炭水化物と脂質は，主としてエネルギー源として働きます。たんぱく質は，ウルトラ・マラソンのような長時間運動ではエネルギーとして働きますが，通常の食事ができている場合には，主として筋肉などの体組織の構成成分として働きます。また，ビタミンは，炭水化物や脂質，あるいはたんぱく質がそれぞれの働きをするときに重要な役割を演じます。さらに，ミネラルは，骨などの硬組織をつくる際に働く栄養素です。

　次にそれぞれの栄養素が，主としてどのような食品に含まれているのかを知っておかなければなりません。炭水化物は，米，パン，パスタなどの主食品から得ることができます。脂質は，肉類や油から得ることができます。たんぱく質は，乳製品，魚，肉類あるいは卵から摂取することができます。ビタミン類は野菜や果実から，また，ミネラル類は牛乳などの乳製品からとることができます。

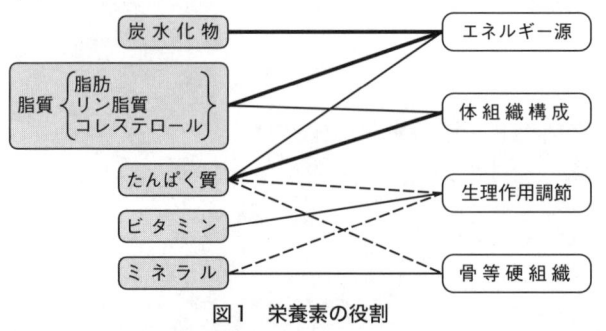

図1　栄養素の役割

2 運動の種類とエネルギー供給様式

　筋収縮の直接的なエネルギー源は，アデノシン三リン酸(ATP)という高エネルギーリン酸化合物の分解によって，アデノシン二リン酸(ADP)とリン酸

(P)になるときに生じるエネルギーです。しかし，筋肉にはほんの数秒間収縮を継続できる量のATPしか貯蔵されていません。そのため，分解されたADTにふたたびPを結合させて，ATPをもう一度つくり出さなければなりません。これをATPの再合成といいます。ATPの再合成には，次の3つの経路があります。

❶ATP－CP系

クレアチンリン酸（CP）は，ATPと同様に，高エネルギーリン酸結合をもった化合物であり，クレアチン（Cr）とリン酸に分解する際に，そのエネルギーを放出します。この系では，そのエネルギーがATPの再合成に利用されます。CPの分解によるエネルギー供給は無酸素的に行われ，速度も速く，パワーも大きいことから100m走のような瞬発的な運動時のエネルギー供給が可能となります。しかし，筋肉内のCPの量も少量であるため，筋収縮は数秒しか持続できません。

❷乳酸系

第2の供給系として解糖があります。とくに筋肉や肝臓に蓄えられている炭水化物は，グリコーゲンとグルコースという形で解糖により無酸素的（酸素を必要としない）にエネルギーを産生することができます。解糖により生じたピルピン酸は，酸素の供給が十分でない場合，乳酸になることから，この供給系を乳酸系と呼んでいます。

表1　3つのエネルギー産生系の特徴

エネルギー系	ATP‐CP系	乳酸系	有酸素系
酸素の必要性	なし	なし	あり
エネルギー産生速度	ひじょうに速い (3.6モルATP/分)	速い (1.2モルATP/分)	遅い (1.6モルATP/分)
利用燃料	CP	グリコーゲン	グリコーゲン，脂肪，たんぱく質（アミノ酸）
おもな特徴	CPの貯蔵が少ないため，ひじょうに限られた量のATP産生	副産物の乳酸が筋疲労を引き起こす	無制限なATPの産生，疲労物質をつくらない
持続時間	10秒以内	2～3分以内	3分以上
おもな運動	100m以内の短距離走，ジャンプ，投げる，キック	200～800m走，スピードスケート，100m競泳	マラソンなど1500m以上の長距離走，ボールゲーム

❸有酸素系

　長時間の運動を継続するためには，第3の酸素を用いたエネルギー供給系が必要となります。運動強度が弱いため，ATP再合成のためのエネルギー供給が少なくてすむ場合，酸素を用いて乳酸を分解し，クレブス(TCA)回路によって多量のATPを再合成します。

　このように，運動で多くのエネルギーが必要な場合には，ATPやCPのような高エネルギーリン酸をもつ物質がまず分解されますが，その後，炭水化物(グリコーゲン)や脂肪の酸化でエネルギーが補充されます。したがって，最終的に分解されるのはグリコーゲンと脂肪です。

　これら3つのエネルギー供給の特徴を表1に示しました。

3　体温調節のしくみ

❶運動による体温上昇と発汗

　安静時の直腸温はほぼ37℃です。体温は体内における産熱と対外への放熱とのバランスによって調節され，健康な人が35℃以下，あるいは42℃以上を経験することはありません。

　体熱の発生は，炭水化物，脂肪およびたんぱく質の代謝によります。したがって，エネルギー代謝が亢進する運動時には，体温は上昇します。運動によって発生した熱の約10％は呼気によって，また約85％は発汗および皮膚血流に

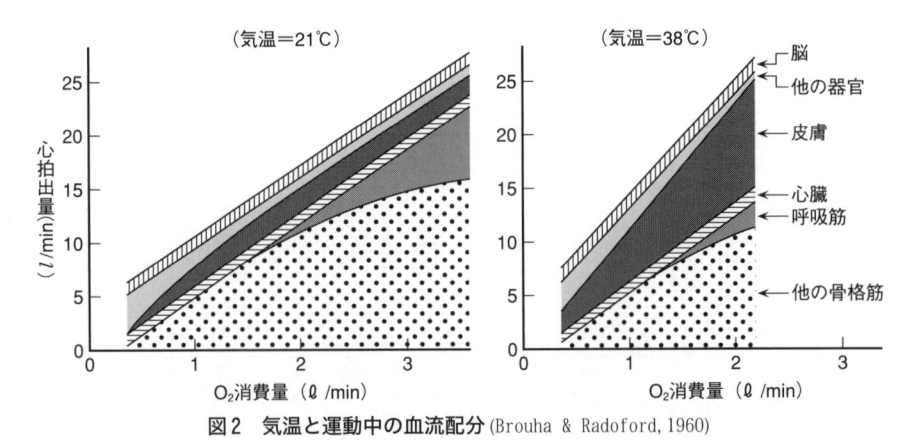

図2　気温と運動中の血流配分 (Brouha & Radoford, 1960)

よって体表面から放散されます。とくに後者は，運動能力との関連で重要です。

　すなわち，体温の高温層から皮膚や皮下組織を通って外界へ効率よく熱を放散するためには，皮膚血流量を増加させなければなりません。しかし，運動が激しくなればなるほど骨格筋の血流量も増大させなければならないので，かならずしも十分に皮膚血流量をふやすことができません。とくに，高温下で激しい運動を行うと体温調節を優先しなければならないために，図2に示したように放熱のために皮膚血流量が著しく増加し，骨格筋への血流量が抑えられてしまいます。そのため，高温下での運動能力は著しく低下してしまいます。高温下でのマラソンの記録が悪いのはこのためです。

❷運動と体温調節

　高温下で運動を持続させるためには，エネルギー代謝を維持するために骨格筋に酸素を送りつづけなければならないと同時に，代謝熱を放散するために皮膚血流量をふやさなければなりません。しかし，皮膚血流量をふやせば，骨格筋への血流がおさえられてしまうことになります。このような相反する目的のために，生体内ではいくつかの生理的変化や調節がなされています。

1) 循環調節

　一般に高温下での運動中には，1回拍出量(心臓の1拍動で心臓から出る血液量)は低下します。そのため，心拍数をふやして毎分拍出量(心臓から1分間に出る血液量)を保つことになります。また，発汗のため胃腸や肝臓，腎臓への血流を制限して皮膚血流量を増加させます。

2) 脱水

　高温下での運動中に発生した汗は，その水分を蒸発させ，気化によって冷却します。このとき失われる水分の量は，1時間に32ccにも及ぶ場合があります。水分損失量が体重の1％程度ならば，生理学的にまったく問題はありませんが，失われた水は主として血液であるため，水分損失が体重の4〜5％に達すると，循環血液量が減少し，生理機能や運動能力が著しく低下することになります。

4 スポーツ・ドリンクの役割

　現在市販されている"スポーツ・ドリンク"は，その目的から2種類に分類されます。

　ひとつは，高温下での運動中に発汗によって失われた水分の補給をおもな目的とするものです。これを飲むことによって体温上昇をおさえ，熱中症を予防します。従来は運動中に液体を摂取することは，精神論的にタブーとされてきました。しかし，高温下での運動中の体温上昇と多量の発汗は，生体を脱水状態へ追いこんで熱中症を誘発し，死にいたることもあります。高温下での運動中は，できるだけ飲料を冷やして，定期的(15～20分おきぐらい)に摂取することです。最近では，高温下で運動する場合，運動の前に飲料を摂取しておくという試みもなされています。

　もう1種類は，マラソンのような長時間運動を行う際に飲む，エネルギー補給を目的とした，糖質を多く含んだスポーツ・ドリンクです。持久的な運動を行うためには，とくに筋グリコーゲンが重要ですが，これは体内には有限量しかありません。このエネルギー源である筋グリコーゲンや血糖は，食事や摂取する飲料の種類によってそのレベルが異なることが知られています。

　一般に，血糖が著しく低下すると，運動をつづけられなくなります。実験データによると，運動中に糖溶液を定期的に摂取させると，時間経過とともに血糖が上昇し，摂取した糖がエネルギーとして使われることが示されています。したがって，高温下での長時間運動中には，糖を多く含んだスポーツ・ドリンクを定期的(運動時間によって異なるが，15～45分おき)に摂取してエネルギーの補給をすると，疲労がさけられることになります。

(堀田　昇)

●身体における水分の役割●

人体の半分以上は水分
人体を構成する物質のうち、水分が占める割合は年齢、性別によって違い、乳児80％、成人男性60％、成人女性55％である。

代謝の進行役
栄養素の運搬や代謝はすべて水を介して行われており、遠く離れた各組織間の連絡や老廃物の運搬や誘導の役割を果たす。

体細胞の浸透圧を一定に保つ
身体を構成する細胞はすべて水溶液に浸っており、水分が内外それぞれの浸透圧を一定に保っている。

体温を調節する
体内にある水分が気温の変化に関係なく汗や尿により排泄され、その結果、体温は常に一定に保たれる。

物が見え、音が聞こえる
水晶体に含まれる水の屈折がレンズの働きをしてものを見ることができ、耳の中のリンパ液の振動が音を伝えるため、音が聞こえる。

●身体の中での水分の割合

　人体の構成成分で一番多いのが水分である。成人で60％前後を占めている。40％は細胞液であり、残り15％が組織液、5％は血しょう中に含まれる。人体の水分の約10％を失うと生命が危うくなり、20％を超えると死に至るとされている。
　食べ物を口にしなくても水分さえ補給していれば、体内に蓄積された栄養分を消費することで2週間は生き延びるといわれているが、水分を補給しないと数日で命を失うとさえいわれる生命の源泉である。

●身体の中での水のサイクル

　水の補給源はほとんどが飲料水や食べ物だが、体内での栄養素の燃焼によって生じる代謝水もある。通常成人の場合で1日に飲料水から800〜1300ml、食品中から1000mlの水を摂取する。
　一方、排出は、尿で1000〜1500ml、皮膚からの汗や不感蒸泄する量が900ml、便で100mlくらいである。水分の調節はおもに腎臓で行われ、1日180mlの血しょうがろ過され、不要な水分は尿として排出される。腎臓に支障をきたしてろ過作用が十分に行われなくなると、むくみが生じるのはこうした理由からである。

Q1 トレーニングの時期と食事
トレーニングの時期に応じて、食事内容を変えたほうがよいでしょうか

A スポーツ選手の食事のとり方は、コンディショニングのひとつであると考えられます。また、競技ですぐれた成績をあげようとすれば、技能を高めることに加えて、基礎体力を高める努力が必要です。その場合にも、トレーニングの時期に応じて、どのような内容の食事をとるかが重要になってきます。

1 ── トレーニング期の食事（表2）

トレーニング期は、主として基礎体力、すなわち全身持久力や筋力などの養成が目的となります。エネルギー消費量に見合った摂取エネルギーの食物の構成は、

標準的な炭水化物(C)：脂質(F)＝たんぱく質(P)

となるような食品群を選択する必要があります。すなわち、炭水化物・脂質・たんぱく質のエネルギー供給割合は、それぞれ60％：25％：15％がすすめられています。

①炭水化物

スポーツ種目は、そのエネルギー発生様式からハイパワー系、ミドルパワー系およびローパワー系に大別されますが、いずれの種目においても炭水化物が重要であることは変わりありません。これまでの報告によると、高炭水化物摂取(体重1kgあたり8〜10g)が、筋グリコーゲン補充に有効であったとされています。

この体重あたり8〜10gという炭水化物摂取は、総摂取エネルギーに占める割合であらわすと55〜60％に相当します。具体的には、ご飯、パン、パスタ、うどんなどを3食の主食としてとることになります。

そして、練習中または練習後の炭水化物摂取は、筋グリコーゲンの節約や回復力を高めることから、1時間以上にわたる練習時にはグルコース量として1分あたり1gをめやすに補給することが大切です。また、練習終了直後、できるだけ早い時間(30分以内)に消化・吸収のよい食品(おにぎりやバナナなど)をスポーツ・ドリンクなどといっしょにとると、翌日の筋グリコーゲンの回復もよく、疲労の回復が早くなります。

②脂質

脂質のエネルギー比は25％を目標値とすると、主食から60g、油脂類から28gとるのがめやすとなります。28gの油脂類はサラダ、炒め物、焼き物など油脂を用いた料理1〜2品、揚げ物なら1品を取り入れることで得ることができます。

摂取エネルギー量の少ない場合や脂質エネルギー比を20％程度にする場合

は，主食に用いる食品を脂肪量の少ないものを使い，また油脂の使用料が少なくてすむ料理を選択したり，食品の脂質を減少できる調理法を取り入れなければなりません。

③たんぱく質

トレーニング期は，基礎体力のなかでも筋力の強化が重要となってきます。その筋力強化のためには，たんぱく質の摂取は大切です。しかし，たんぱく質の摂取量をふやせばふやすほど筋量がふえると誤解されて，たんぱく質を過剰にとる選手が多く見られますが，この考えは大いに訂正されなければなりません。たんぱく質の代謝の過程で発生したアミノ基は，肝臓で尿素に変換された後，腎臓から排泄されます。したがって，摂取たんぱく質量が多くなるほど，腎臓への負担が増すことになります。

日本人の場合，スポーツ選手の摂取目標値は，体重1kgあたり2gといわれています。この量を3食の食事で補うようにすることです。とくに，たんぱく質の豊富な肉，魚や卵などは鉄分も豊富に含んだ食品であり，貧血の予防にも有効です。

プロテインなどの栄養補助食品を用いて筋力強化をする場合，摂取したたんぱく質が筋肉になるためには，成長ホルモンの分泌が必要になります。通常，成長ホルモンは睡眠中に活発に分泌されるので，プロテインの摂取は消灯前が有効です。また，成長ホルモンは激しいトレーニングを行った後(1時間以内)にも分泌されるので，トレーニング後の摂取も効果的です。とくに，プロテインを摂取しなくても，たんぱく質の豊富な牛乳などを消灯前に摂取すると，寝ているあいだに筋肉づくりができることになります。

2——試合期の食事

試合を前にした食事で注意することは，炭水化物を十分含んだ栄養のある食事，精神的にリラックスできる食事の量と環境が大切です。試合直前および試合当日の食事内容については，Q2 (114頁)を参照してください。

(堀田　昇)

表2　スポーツ栄養のモデル例(トレーニング期)　　18歳男子　体重62kg(1日4時間練習)

栄養素	普通の人	付加量	トレーニング期のスポーツ選手	普通の人との比較
エネルギー量(Kcal)	2500	+1300	3800	運動量に応じて増加
たんぱく質(g)	70	+ 70	140	2倍以上
カルシウム(mg)	600	+ 600	1200	2倍
鉄(mg)	10	+ 15	25	2〜2.5倍
ビタミンA(I.U)	2000	+2000	4000	2倍
ビタミンB_1(mg)	1.0	+ 4.0	5.0	5倍
ビタミンB_2(mg)	1.4	+ 0.6	2.0	1.5倍
ビタミンC(mg)	50	+ 200	50〜100	5倍
ビタミンE(mg)	基準量未定	+50〜100		

Q2 試合当日の食事
試合前日，試合当日の食事は，どのようにすればよいですか

A 1——試合の数日前から心がけること

試合を前にした4～6日間は，調整期であり，トレーニングの量が一般に少なくなるため，摂取エネルギーを調整することが必要になります。また，試合にもっとも適した体重にするために，エネルギー摂取をコントロールする場合もあります。

食事の内容は，炭水化物の量をふだんより多めにとることが大切です（表3）。このとき注意することは，ふだんと変わらない食事メニューのなかの炭水化物量をふやすことです。もし，量が多すぎるようであれば，食べる回数をふやして調節するなどの工夫が必要となります。反対に，脂肪やたんぱく質の摂取量を抑えて，摂取カロリーを調節することも考えられます。また，エネルギー代謝にかかわるビタミンB類（豆類，シリアル，穀物，緑色野菜など）やビタミンC（果実，いも類，ジュース）も豊富にとるようにしましょう。

試合が近づいて，緊張と興奮による食欲不振や消化機能の低下（下痢など）などが発生する可能性がある場合には，監督やコーチは，選手の緊張をやわらげるように配慮する必要があります。あわせて，消化剤を使用させて，緊張や興奮があるなかでも食事の栄養効率を高めることも必要です。反対に，緊張などから便秘を生じる場合には，牛乳を飲んで乳糖の大腸内での発酵によるガスの発生をほどこしたり，食物繊維の多い食品（穀類，りんごなど）を食べて便秘の予防をはからなければなりません。

2——試合当日の食事

当日の食事で留意することは，「消化のよい炭水化物をとること」，「食べる量を抑えること」，「食べるタイミングを考慮すること」です。すなわち，朝食は試合の3～4時間前にご飯，パン，パスタなどの炭水化物を中心にして，脂質やたんぱく質は最低限度にした献立がよいでしょう（表4）。さらに，クエン酸を多く含んだ食品（酢や梅干しなど）をいっしょにとると，グリコーゲンの補給が促進されます。また，ビタミンCは乳酸の除去に有効に働くので，オレンジ・ジュースなどを飲んでおくことも効果的です。

食事から試合までの時間が短いと，食べた食べ物が消化されず，エネルギーとならないばかりでなく，食後に発生する高いインスリンはグリコーゲンの分解を抑制してしまい，食べたものが有効に利用できないことになります。したがって，1日に何試合もある場合，

十分時間がとれなければ，エネルギー補給のためのスポーツ・ドリンクを利用することも効果的です。

また，バナナやオートミルなどは，通常食べている日本食よりも消化のスピード度がやや早いので，食事と試合との間隔を3～4時間とらなくてもよいといわれています。

試合前や試合当日の食べ方とは，食べるタイミングを考え，特別な食べ物ではなく，ふだんどおりの食事をすることが基本です。　　　　　　（堀田　昇）

表3　炭水化物を多く含む食品

食品名	水分(%)	糖質(%)
砂糖(グラニュー糖)	0	100
水飴	15	85
はちみつ	20	79.7
めし	65	31.7
食パン	38	48
うどん	76.5	20.3
もち	44.5	50.1
さつまいも(蒸)	68	29.2
じゃがいも(蒸)	78.1	18.6
塩せんべい	5	83.5
カステラ	27.9	61.8
アンパン	35.5	55.3
チョコレート(スイート)	1.2	59.4
ハードビスケット	2.5	76.7
マシュマロ	18.5	79.3
キャラメル	8.0	75.4
ショートケーキ	31	48.3
りんご	85.8	13.1
オレンジジュース(果汁40%)	87.8	11.8
サイダー	90.8	9.1
コーラ	89	10

表4　炭水化物食品の胃内滞留(消化)時間

食品名	分量(g)	胃内滞留時間
米飯	100	2時間15分
麦飯	100	1時間45分
もち	100	2時間30分
白かゆ	100	1時間45分
うどん	100	2時間45分
白パン	100	2時間00分
じゃがいも	100	2時間30分
りんご	100	1時間45分
みかん(除袋)	100	1時間45分
せんべい	100	2時間15分
ようかん	100	2時間30分
カステラ	100	2時間45分
コーヒー	200	2時間15分
オレンジジュース	200	2時間00分
ビール	200	1時間15分
水	200	1時間30分

Q3 遠征時の食事
遠征先の食事では，どのようなことに注意すべきですか

A 遠征時の食事を考える前に，まずその遠征に関する情報を収集することが必要となります。

まず留意することは，遠征での移動やホテルへのチェッインなどの細かな行動スケジュールです。それにそって，食事の時間や食べる場所が決まってきます。

遠征時の食事の場所は宿泊ホテルであったり，移動中の外食や購入食であったりします。そこで，試合や合宿するために望ましい環境で食事できるように，事前にホテルに要請したり，外食する場所を調べておくことです。

遠征時には運動量にあった食事内容にするだけでなく，遠征といった"非日常生活"のなかでのストレスを，できるかぎり少なくするような状態で食事ができる環境をつくることも重要です。

1——食事のポイント
①食事のバランスに気をつける

基本的には1日3食としますが，合宿のように練習時間が長い場合には1，2回の間食（補食）をとる必要も出てきます。また，栄養バランスがよいものを，できるかぎり日常の生活と同じ時間帯にとり，生活のリズムが乱れないようにすることも体調を管理するためには重要なことです。

②和食を中心に考える

遠征での移動の際の弁当食やレストラン，ホテルでの食事は，高たんぱく，高脂肪の食事となり，野菜，いも類，果実などが不足しがちになります。そこで，メニューを選択する場合には，脂肪分の少ない和食をとるように心がけ，さらにフルーツやジュースをとるようにします。

③乳製品を十分にとる

牛乳，チーズ，卵などの乳製品は，たんぱく質やカルシウムが豊富に含まれた食品ですので，1回の食事のバランスをとるうえで有効です。遠征時の便秘を予防するためにも，牛乳の摂取は忘れてはなりません。

④ビタミン類の摂取量をふやす

遠征中は環境の変化や移動などにより，日常生活より多くのストレスを受けることになります。そのため，疲労感が抜けないとか，食欲がなくなるといった症状が出てきます。

そこで，ストレス性の疲労を回復したり，体調をととのえるために必要なビタミンCを多めにとるようにします。柑橘系の果実やドレッシングをレモン系にすることもひとつの方法です。また，ホテルでの食事は高たんぱく，高脂肪食になりやすいので，ビタミンB_2やほかのビタミンB群も多くとるように

します。これらは，穀類，豆類，緑色野菜に多く含まれています。

⑤脂肪をひかえ，野菜・果実を多くとる

遠征時にホテルで出される食事は，いわゆるごちそうになりやすいものです。たとえば，ステーキ，天ぷら，魚のフライ，あるいはグラタンなどは，たんぱく質は十分でも脂肪が多くなりがちです。反対に，体調の維持に必要なミネラルやビタミンが不足しがちになります。そのため，「脂肪ひかえめ，野菜たっぷり」を基本としてメニューを選択することです。

⑥疲労感や食欲不振のときは消化のよいものを食べる

長期間の遠征や夏場の合宿などではストレスがたまり，消化液の分泌が悪くなります。そのような場合には，胃腸に負担のかからない消化のよいメニューを加えるようにするとよいでしょう（表5）。たとえば，うどん，そうめん，おかゆ，雑炊などが望ましい食品です。

2──海外遠征の場合

海外遠征は，社会環境，衛生環境，時差などの点で，国内での遠征にくらべて多くの問題が発生する可能性があります。

①日本食メニューの調整

現地ホテルでの協力が得られれば，事前に日本でメニューを作成し，調理法も含めて協力を得ることです。また，日本から持っていく食材は，現地でご飯が食べやすいようなものを選択して持参するようにします。

②現地での飲み水に注意する

選手は，生水や氷をとらないようにし，安全性の高いミネラル・ウォーターを選択して摂取するようにしましょう。

(堀田　昇)

表5　胃の調子に影響する食品・料理

胃の調子をよくするもの	あたたかい食べ物	
	[親子どんぶり]	
	水分の多い食べ物	
	[スープ・汁物]	
	やわらかい食べ物	
	[煮物]	
	糖質が多い食べ物	
	[ごはん・めん]	
食欲を引き出すもの	薬味	
	[大根おろし]	
	調味料	☆
	[ぽん酢]	
	スパイス	☆▲
	[こしょう・カレー]	
	かんきつ類	☆
	[みかん・オレンジ]	
胃の負担になるもの	冷たい食べ物▲	
	[かき氷]	
	乾いた食べ物	
	[ナッツ・するめ]	
	かたい食べ物	
	[焼き物・揚げ物]	
	脂肪が多い食べ物	
	[フライ・カツ]	
	たんぱく質が多すぎるもの	
	[焼肉山盛り]	
	調味料	
	[マヨネーズ]	
	多すぎるスパイス	
	[西アジア料理]	
	偏食によるビタミン不足	
	[ビタミンB群欠乏]	

▲☆は高温多湿の場合に用いるべきもの（ただし，☆は空腹時に胃が痛むときには避ける）

Q4 食物摂取のタイミング
身体づくりや体力づくりを考えた食物摂取のタイミングについて教えてください

A 1——いかに成長ホルモンを分泌させるか

栄養素を摂取する場合，栄養効果をぞんぶんに発揮することができるよう配慮することは，合理的な持久力の発現や身体づくりにとって重要なポイントとなります。

たとえば，身体づくりの栄養処方の基本は，いうまでもなく，たんぱく質やカルシウム，そのほかの栄養摂取にあります。運動トレーニングも同時に行なわなければなりませんが，身体づくりにとって必要な体内の生理的ファクターのキーポイントは，いかに成長ホルモンを分泌させるかになります。このホルモン分泌を最大限引き出すために栄養摂取，運動トレーニング，そして睡眠の3つのファクターをうまく1日の生活のなかに組みこむことが，効率的な成長ホルモンの分泌をうながし，たんぱく質，アミノ酸，カルシウムなどの栄養素を身体に取り込むことに役割を果たすことになるのです(図3)。

激しい運動トレーニングでは，成長ホルモンが高いレベルで分泌され，比較的長時間維持されることがわかっていますし，睡眠でも深い眠りのノンレム睡眠で成長ホルモンの分泌レベルが顕著に高くなることも知られています。また，アミノ酸のアルギニンやオルニチンが成長ホルモンの分泌をうながすことになることも明らかにされているところから，これらの各因子が内分泌系に及ぼす生理的特徴を生かしながら生活あるいは食生活のリズムやタイミングを考えることが大切です。

2——運動後すぐに食事をすること

具体的には，運動トレーニング終了後すみやかに(30分以内に)昼食をとり，その後すみやかに睡眠（午睡）をとる，このパターンを夕食時においても行うことが基本です。しかし，現実の生活のなかでは，昼食後睡眠をとることは一般的にはむずかしい場合が多いので，夕食時の前後の運動と睡眠のタイミングを配慮するよう心がけるべきです。

Q5(120頁)で説明するように，組織

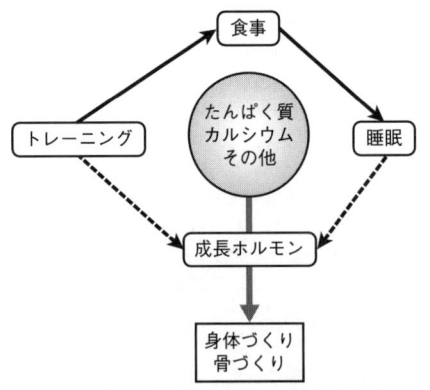

図3　体力づくりのための食生活様式

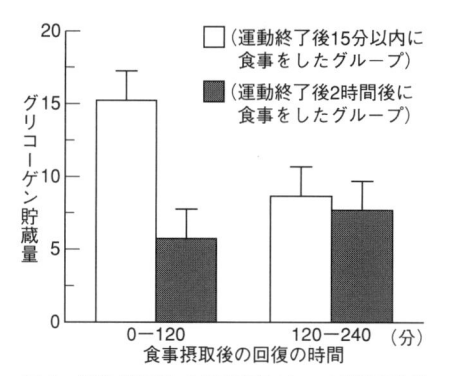

図4 運動終了後の食事摂取までの時間がグリコーゲン補充に及ぼす影響

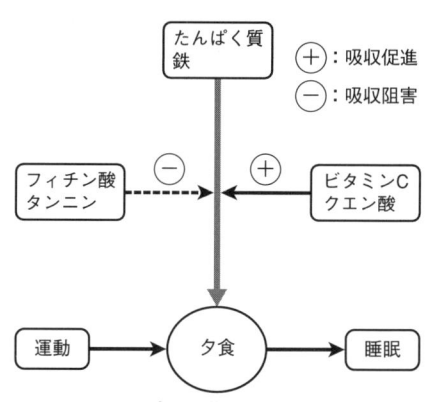

図5 スポーツ貧血防止の食べ方

グリコーゲン量は，持久力を発揮するための重要なファクターで，組織中に最大限備蓄しておくことで持久力の発揮に備えることができるのです。これまでの研究では，運動終了後，15～30分以内のタイミングで炭水化物を摂取することが組織中への効率的なグリコーゲン補充を可能にすることが明らかにされています（図4）。

この場合，摂取タイミングが1～2時間を超えて遅れると，補充されるグリコーゲンレベルは著しく低くなることも明らかにされています。くれぐれも，運動後すみやかに炭水化物を補給し，グリコーゲン補充を行うスポーツ・ライフを心がけてください。

3──貧血防止の工夫

いっぽう，スポーツ貧血を防止するためには，鉄分やたんぱく質の摂取タイミングに十分な配慮をしなければなりません。そのためには，摂取した鉄分やたんぱく質を効率的に体内へ取り込むために，その吸収を阻害する物質を含む食品を同時にとらないことが大事です。コーヒー，緑茶に含まれるタンニンや，豆腐，玄米ご飯に含まれるフィチン酸，牛乳に多く含まれるカルシウムなどは，たんぱく質や鉄の吸収を著しく阻害することが知られています。したがって，とくに夕食時にこれらの食品をたんぱく質，鉄と同時に摂取することはさけなければなりません。

これに対して，ビタミンCやクエン酸は鉄分やたんぱく質の吸収をうながす効果があるので，グレープフルーツ，レモン，オレンジなどを食後に積極的に摂取することを心がけるべきでしょう（図5）。

(屋代正範)

1) Nancy Clark : Sport nutrition guidebook, Human Kinetics, 1997.
2) 木村修一，吉田昭編：『食品栄養学』，文永堂出版，1990.
3) 鈴木正成：『スポーツの栄養・食事学』，同文書院，1990.

グリコーゲンの補充法
Q5 効率のよいグリコーゲンの補充のしかたを教えてください

A 筋肉や肝臓のグリコーゲンレベルは，生体の持久能力を支配する要因のひとつです。トレーニングや試合の前に，組織中のグリコーゲンを最大限満たしておくための，また激しいトレーニングや試合のあとに，グリコーゲンをすみやかに再補充する方法について多くの研究が行われています。

1——グリコーゲン補充の方法

一般的には，炭水化物ローデイングがよく知られた栄養処方のひとつです。肝臓や筋肉組織では，グリコーゲンが残っている場合，その組織中のグリコーゲン合成酵素の活性が抑制されているので，炭水化物を供給しても十分にグリコーゲンを補充することができないといわれています。したがって，グリコーゲンを効率よく満たすためには，組織中のグリコーゲンをできるかぎり消耗しきった状態にしたあと，炭水化物を供給することが合理的です。

その具体的な方法としては，最初の3日間は，炭水化物がほとんど含まれていない高脂肪・高たんぱく質食を摂取する時期とし，その初日には水泳やランニングなど激しい運動を行い，全身の筋肉や肝臓などの組織のグリコーゲン消耗を徹底的にはかります。その後の3日間は，グリコーゲンの蓄積に向けて高炭水化物・低脂肪食を摂取し，競技会にのぞむというものです。

しかし，この方法が1週間単位で行われることや，前半で摂取する炭水化物をほとんど含まない高脂肪・高たんぱく質食は食事としてなじまないことなど，採用するにはむずかしい面もあります。そこで，もっと簡便で有用性の高い方法として，激運動後，高脂肪・高たんぱく質食を2日間，高炭水化物食を1日もしくは2日間摂取するというように，従来の期間を短縮したやり方で実施しているアスリートも多くいます。

連日にわたって競技に参加するアスリートにとっては，失われたグリコーゲンを再補充するには疲労回復をはかり，また持久力を確保するために十分な配慮をする必要があります。

グルコースは，グリコーゲンを合成するための必須の栄養素ですが，グルコースのみの摂取だけでは十分に補充できません。グルコースに加えてさらにクエン酸を同時に摂取すると，劇的に組織へのグリコーゲン補充を可能にすることが実証されています。

このクエン酸による効果は，解糖系の酵素ホスホフラクトキナーゼの活性を抑え，グリコーゲン分解を抑制し組織へのグリコーゲンの補充を促進させるのです。糖分とクエン酸が豊富なオ

レンジ，みかん，グレープフルーツなどの果物やジュースを摂取することは，運動後のグリコーゲン再補充に効果的といえます（図6）。また，炭水化物とたんぱく質を組み合わせて同時に摂取することが，組織中へのグリコーゲン補充を効率的に行わせることが近年報告されています。長時間の持久的運動後に，炭水化物112 g，たんぱく質40 gを同時に摂取することがヒト筋肉グリコーゲンの蓄積を顕著に増加させることが明らかにされています。これは血液中のグルコースを筋肉に運ぶ役割を果たすインスリンの作用に対して，炭水化物が刺激効果をもっていることによるのですが，さらにたんぱく質も同様に，その作用に働きかけることができるので，その相乗効果によって合理的に組織へのグリコーゲン補充が達成されるわけです。炭水化物3 gに対してたんぱく質1 gの比率がよいとされています。

2——効果的な補充のタイミング

いっぽう，運動後にすみやかに，そして効率よくグリコーゲンを補充するための摂取タイミングは，グリコーゲン合成酵素の活性がもっとも高いといわれる運動終了後15分以内に，炭水化物およびたんぱく質を摂取するのが望ましいとされています。少なくとも，運動終了後30〜40分ぐらいまでの間に食べ終えることができるよう努力すべきです。

前述した炭水化物とたんぱく質の具体的な食品の組み合わせについては，たとえばたんぱく質が豊富なミルクとシリアル，スパゲッティ・ミートソース，卵や肉などの良質なたんぱく質とご飯，うどん，じゃがいもなどの組み合わせがよいコンビネーションとして推奨されます。

いっぽう，1日に何試合も消化しなければならない競技会に参加するケースを考えてみましょう。たとえば，昼食でグリコーゲンを効率よく回復するためには，午前中の競技終了後，すみやかに糖分とクエン酸をミックスしたドリンクを摂取し，さらに昼食で高炭水化物食を摂取することにより食後のグリコーゲン補充をすばやく行うことができます。その場合，炭水化物源として，分子の大きなでんぷんよりは，分子のより小さなデキストリンを摂取するほうが，グリコーゲン回復は早いことも明らかにされています。　　　（屋代正範）

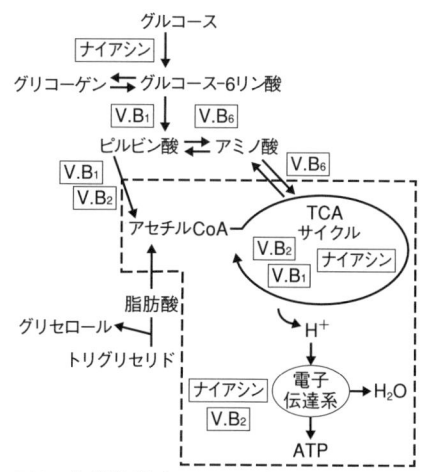

図6　物質代謝系におけるビタミンの触媒
　　　（点線囲みの中はミトコンドリアにおける
　　　代謝系を示す）

1) Zawadzki, k. M., et al. : J. Appl. Physiol., 1992.
2) 屋代正範:『みんなのスポーツと健康・体力づくり』，学術図書出版社, 1984.

プロテイン・アミノ酸の摂取法
Q6 たんぱく質(プロテイン)やアミノ酸の適切なとり方について教えてください

A 1――たんぱく質・アミノ酸の役割

その生体での役割は，身体を構築すること，酵素たんぱくとして代謝を動かすこと，キャリアたんぱく質として鉄や脂肪，そのほかの物質を運搬すること，エネルギーとしてとくに分枝鎖アミノ酸(BCAA)が使われることなど，運動ができる身体の土台と機能を受けもつものです。摂取たんぱく質レベルと摂取たんぱく質の質，すなわちアミノ酸組成の内容が，身体づくりや持久力の発現に大きな影響を与えることになります。

たんぱく質の栄養価は，たんぱく価といって，摂取たんぱく質自身がもっているアミノ酸のなかでも必須アミノ酸の含有量やバランスがきわめて重要で，基準値を上まわる過不足のないレベルが理想的といわれています。

基本的に体たんぱく質は，摂取するたんぱく質の必須アミノ酸の構成によってその合成が支配されています。たとえば，とうもろこしたんぱくのツェインのような粗悪なたんぱく質摂取は，たんぱく質合成がおさえられるのに対して，卵やミルクカゼインのような理想的なプロテインスコアーをもったんぱく質の摂取は，体内でのたんぱく質合成が促進されます(図7)。

2――どのくらいとればよいか

現実の食生活では，その気になれば，卵，肉，魚，豆腐，チーズなどわれわれの生活圏にはすぐれたたんぱく質が豊富にとりそろっているので，三度の食事でいつでも摂取することは可能です。さらに，各食品メーカーで販売しているプロテインなどもあわせてとることもできる環境にあります。

摂取するたんぱく質レベルについて

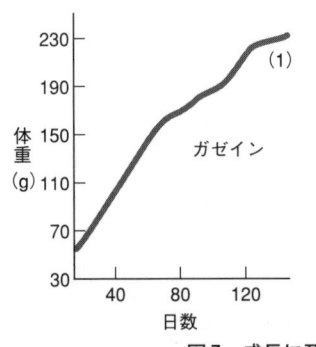

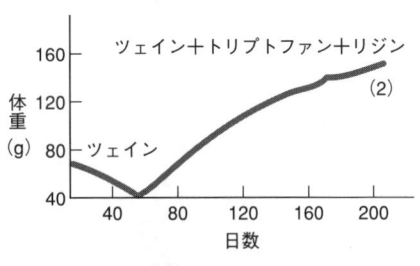

*(2)では40日経過後ツェインが不足しているアミノ酸のトリプトファンとリジンを加え体重の増加が回復している

図7 成長に及ぼすたんぱく質の種類の影響

は，多くの研究が行われていますが，アスリートの摂取すべきレベルはそれぞれの研究によって異なり，1.3g/kg体重〜2.5-3.0g/kg体重と，推奨値は必ずしも統一されていません。1日の食事に含まれるたんぱく質が90〜100gとすれば，アスリートの場合さらに50〜60g上乗せするぐらいで栄養学的には安全であろうと思われます。著者の研究では，三度の食事の基本食でたんぱく質を100〜120g摂取し，さらに60gを毎日補充した場合，苛酷なトレーニングに十分対応できる結果を得ています。

たんぱく質は本来，身体や筋肉をつくるための役割をもつものですが，運動時に体たんぱく質や筋肉たんぱく質が分解し，ロイシン，イソロイシン，バリンなどのBCAAがエネルギーとして利用されていることが近年明らかにされています(図8)。しかし，運動時にアミノ酸を補給するのはエネルギー供給のためにBCAAをとるというよりは，むしろ体たんぱく質や筋肉たんぱく質の崩壊を防ぎ，運動時の体たんぱく質の性状を保全することを目的としてBCAAを摂取する意識が大事かと思います。

著者の実験によると，ややきつい自転車エルゴメーター運動を断続的に2回，50分ずつ行う運動では，3gのBCAAを運動前から運動中にかけて補給することが運動中の血液中のアミノ酸レベルを確実に維持できることを示しています。この場合，消化吸収がスムーズに行われるようにたんぱく質を分解しペプチド状態にしたものやアミノ酸分子にしたものを摂取することが重要です。

身体づくりやエネルギー供給を目的としたサプリメントとしてのBCAAやアミノ酸の商品は，アミノバイタル，アミノチャージ(味の素)，ザバスプロBCAAタブ(明治製菓)，アミノペプチド(森永製菓)，VAAM(明治乳業)，アミノタブボトル(森永製菓)などがあります。身体をつくる目的で開発されたたんぱく質のサプリメントとしては，プロテインタイプ1ストレングス(明治製菓)，ジョグメイトプロテイン(大塚製薬)，マッスルフィットプロテイン(森永製菓)などが発売されています。

(屋代正範)

1) 屋代正範ら:『臨床栄養』，医歯薬出版，1993.
2) 髙橋徹三，鈴木健:『最新栄養化学』，医歯薬出版，1972.

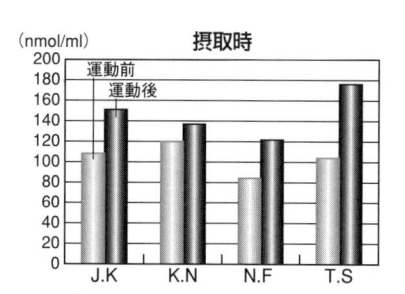

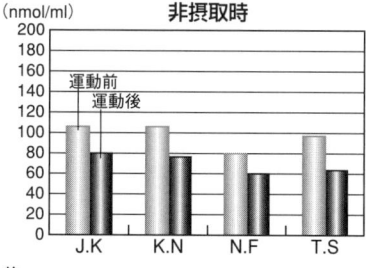

運動時におけるBCAA（分枝鎖アミノ酸）混合物摂取時および非摂取時の血中イソロイシン（分枝鎖アミノ酸の1つ）濃度の変動

図8 被験者別・血中イソロイシン濃度の変動

ビタミン・ミネラルの補充法

Q7 ビタミン・ミネラルは特別に補充する必要があるのでしょうか

A 生体は生命の営みにとって必要なエネルギーを絶えずつくりつづけていますが，スポーツマンやアスリートにとってはなおさらのこと，トレーニングあるいは競技を遂行していくために，効率よくエネルギーをつくり，細胞や身体に供給しなければなりません。

生体では，摂取した炭水化物，脂質，たんぱく質を分解してエネルギーとして使われるATP（アデノシントリホスフェイト）をつくり出します。そのATPをつくり出す代謝のシステムがいくつかあり，図6（121頁参照）にその概略を示しました。このシステムの代謝反応は，いくつかの酵素によって調節されています。その酵素の成分としてビタミンB_1，B_2をはじめとしていくつかのビタミンが役割を果たしているのです。運動時にエネルギーをつくり，利用するためにビタミンを飽和状態にしておくことは，とくにアスリートの場合，必要なことといえるでしょう。

1──特別に補充する必要はない

しかし，これまでの研究では，スポーツ選手に対して特別にビタミン，ミネラルを供給することがパフォーマンスの向上に対して明らかに影響を与えたとする報告はほとんどなされていません。このことは，朝食，昼食，夕食などのような日常の食生活で十分なビタミン，ミネラルの摂取が行われていれば問題はないことを逆に証明しているともいえるでしょう。恒常的な食生活のなかで，過不足なくそれら栄養素を摂取することが基本ですが，たとえば，厚生労働省で指導している1日30品目を摂取する努力をすることや，積極的に緑黄色野菜を食べるなどの食習慣を身につけることが大切です。さらに，総合ビタミン剤，ビタミンB群およびビタミンCなどを強化したビタミン剤などを，合宿時や試合の前後，きびしいトレーニングの前後などに，適宜補給する程度に配慮を加えれば，ビタミン，ミネラル対策は十分と思われます。

2──活性酸素対策として有効

体に取り込まれた酸素の一部は，体内でスーパーオキサイドやハイドロキシラジカルなどのいくつかの不安定な酸素に変化します。その後，攻撃的な酸素として細胞にダメージを与え，老化の原因やがん，動脈硬化，糖尿病などの病気の原因をつくってしまうのです。近年，このような酸素を「活性酸素」と呼び，医・科学分野で積極的に研究が行われています。スポーツマンやアスリートの場合，運動時に大量の酸素を摂

取するので，同時に活性酸素も多量に発生する可能性もより大きいといえるわけで，活性酸素対策をおこたってはなりません。摂取した酸素の3〜4％ぐらいは，体内で攻撃的な酸素に変身し，細胞膜を構成するたんぱく質分子や脂質，酵素分子，核のDNA分子など生命の機能と直接かかわりをもつ分子を攻撃し，生体の調節機能を傷害し，生活習慣病などの病気をはじめとして多くの病気の発症の引き金として影響を及ぼすことが最近の医・科学研究によって明らかになってきています(図9)。

この活性酸素を除去する一群のスキャベンジャー(抗酸化物質)は，SOD(スーパーオキシデイスミュターゼ)，カタラーゼ，グルタチオンペルオキシダーゼという酵素としてその役割をになっており，活性酸素を分解し消去するとされています。しかし，この一連のスキャベンジャーの働きが活性酸素を必ずしも十分に一掃するとはかぎらないので，ビタミンやミネラルなどのスキャベンジャーを外部から栄養素として補充する必要が出てくるわけです。とくに激しい運動を日課としているアスリートやスポーツマンの身体を守るため

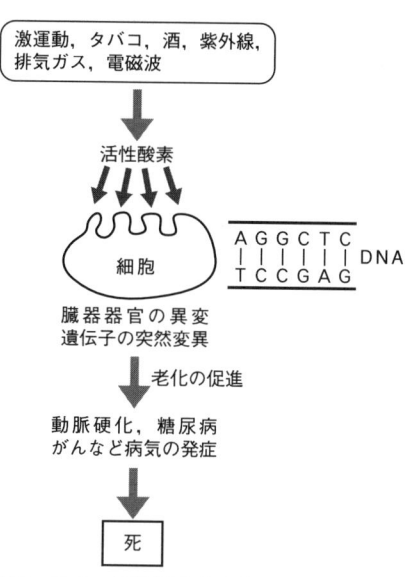

図9 体内で活性酸素を発生させるファクターと病気

に，ビタミンA，C，E，B_2などは，電子を奪われた分子に対する電子供与体として強力に抗酸化剤としての役割を果たしてくれるのです。また，鉄，セレン，亜鉛，銅，マンガンなどのミネラルは，前述した抗酸化酵素の成分として重要で(図10)，その酵素の生成にとって必須の成分なので，つねにビタミンとともに満たしておくことが重要です。

(屋代正範)

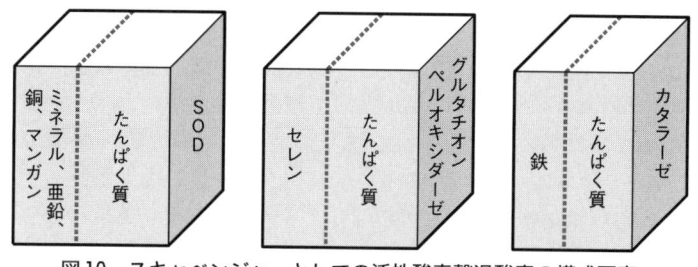

図10 スキャベンジャーとしての活性酸素撃退酸素の構成要素
(SOD，グルタチオンペルオキシダーゼ、ガラクターゼ)

Q8 脂肪の摂取法
アスリートとして脂肪は，質・量どのように摂取すべきか教えてください

A 1——脂肪は悪者か

現代は健康に対する関心がきわめて高い時代といえます。そういう風潮のなかで，脂肪は，冠動脈疾患，脳血管系疾患，肥満などの元凶として忌み嫌われている栄養素というイメージが定着しているようです。したがって，脂肪のレベルは極力抑えながら，たんぱく質を過不足なく摂取し，炭水化物を多めにとることが理想的であるかのように強調されがちです。このこと自体は必ずしもまちがいではなく，将来的な動脈硬化などの病気発症のリスクを考えれば，当然のことと考えるべきかもしれません。

しかし，この脂肪の摂取に関しては，体力科学的視点から見た場合，前述した脂肪元凶論は必ずしもあてはまりません。むしろ，中学，高校，大学，社会人と現役バリバリでアスリートとして活躍している人たちにとっては，脂肪は体力を発揮するために必須の栄養素であり，しっかりと摂取すべきものです。生体において果たす脂肪の役割として，①細胞の構築成分であり，とくに細胞膜を形成する材料のひとつとして欠かせないこと，さらに，②運動時に生体で利用される炭水化物とならんで有用性の高いエネルギーとしてスポーツマンの持久力を発揮することに貢献することを念頭におくべきでしょう。

2——高脂肪食のパワー

40％を上まわる脂肪含量の高脂肪食は欧米食の典型ですが，この高脂肪食の摂取が運動時のエネルギーとしての脂肪酸の酸化分解を活発にし，β-酸化系やTCAサイクルでのエネルギー産生を増幅するという効率のよいエネルギー代謝系を確立するためには有効な食事であるといえます。高脂肪食が運動時において脂肪組織での脂肪分解能を活発化していること，運動時の血中脂肪酸レベルが高いこと，乳酸レベルが低いこと，さらにグリコーゲン節約効果が大きいことなど，持久的代謝能力を活性化するためには，摂取脂肪の割合を高く保つことが有効であることが実証されています。これは，国際的な競技会で彼らがほかを圧倒する活躍をしていることからも知ることができます。

前述したように，近年，生活習慣病に対する配慮から脂肪の摂取レベルや質的な問題が取り上げられ，過剰摂取および動物性脂肪のとりすぎなどがいましめられて，高脂肪食摂取に対する抵抗感が大きいことも事実です。運動をする機会にあまり恵まれない一般人にとっては，そのようないましめは健康管理上とてもだいじなことと思われます。

しかし，カロリー比率で脂肪の摂取割合が40％を超える欧米諸国民族の体力は，高炭水化物食を主体とする東洋民族のそれよりもすぐれているとの指摘があり，体力のなかでもとくに持久性を向上させることに対する摂取脂肪の果たす役割は大きいことも認識しておくべきでしょう。日常激しいスポーツを日課としているアスリートたちにとって，摂取脂肪は，むしろ貴重なエネルギーのひとつであり，運動時のエネルギーの需要を満たすことに役割を果たしているように思われます。

3——持久力発揮に貢献

これまでこの高脂肪食に関連した研究がいくつか行われています。カロリー比で70％ぐらいの高脂肪食を1週間ほど摂取したグループの運動時の体内環境の特徴は，そのエネルギー代謝が脂肪酸分解によって占められる割合が高く，酸素消費量が大きく乳酸のレベルが低いことなどで，持久力を発揮するうえでそれらはだいじな生理的ファクターといえるのです。著者らの研究では，およそカロリー比で40％程度の高脂肪食を4か月間運動部の選手たちに摂取させたところ，前述と同様の効果を得ることができたのです。

さらに著者らは，飽和脂肪酸および不飽和脂肪酸の組成比がそれぞれ異なる牛脂，コーン油，オリーブ油，ココナッツ油などを長期間摂取させた動物に運動や絶食を負荷し，持久力の発揮に対する摂取脂肪の影響について検討しました。その結果，これらの脂肪酸のなかで，とくにオレイン酸が約80％を占めるオリーブ油で飼育した動物で肝グリコーゲンレベルの減少が運動や絶食であまり認められなかったこと(図11)，組織の酸素消費量が高値を示したこと，血清遊離脂肪酸レベルの増加程度が顕著に大きかったことなど，ほかの脂肪にくらべて，持久力の発揮をうながす体内環境をつくりあげることにオリーブ油が役割を果たす結果を得ました。スポーツマンの食生活には，オリーブ油を多食することが必要な時代がやってきそうな気配です。

(屋代正範)

1) 屋代正範, 『フードケミカル』, 科学新聞社, 1993.

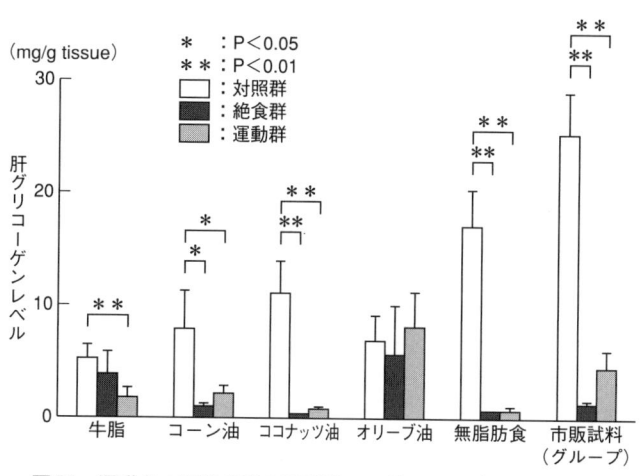

図11 運動および絶食時の肝グリコーゲンに及ぼす脂肪の影響

Q9 水分摂取法
練習や試合中の適切な水分補給のしかたを教えてください

A　1――汗と水

　高温下での体温調節機能のひとつが発汗作用です。汗をかくと、まず筋細胞のまわりの体液（組織間液）の水分が失われます。汗は体液にくらべて塩分量がわずかであるため、発汗量が多くなると組織間液の塩分濃度が濃くなっていきます。すると、この塩分濃度をうすめるために、筋細胞内の水が組織間内へ移動することになります。そのため、今度は筋細胞の塩分濃度が高まり、そこの塩分濃度をうすめるために血液の水分が筋細胞内へ移動します。

　このまま汗をかきつづけますと、しだいに血液の塩分濃度が高まっていきます。この塩分濃度の濃い血液は、心臓の働き（とくに拍動のリズム）を乱し、生命の維持にとってはたいへん危険な状態となります。そのため、このような血液が脳へ送られると、脳は皮膚へ汗を止める命令を出し、これ以上血液の塩分濃度が濃くならないようにさせます（図12）。

　しかし、発汗が停止すると体熱が発散できなくなるため、体温が上昇しすぎて、ついには熱中症を起こし、時には死にいたる可能性も生じてきます。汗をかくと喉が渇くのは、このような危険な状態にいたらないように、脳から送られてくる「水を飲みなさい」という赤信号であると考えられます。

2――運動と水分摂取

　このような生理学的事実があるにもかかわらず、昔からとくに日本では、運動中に「水を飲むな！」といわれてきまし

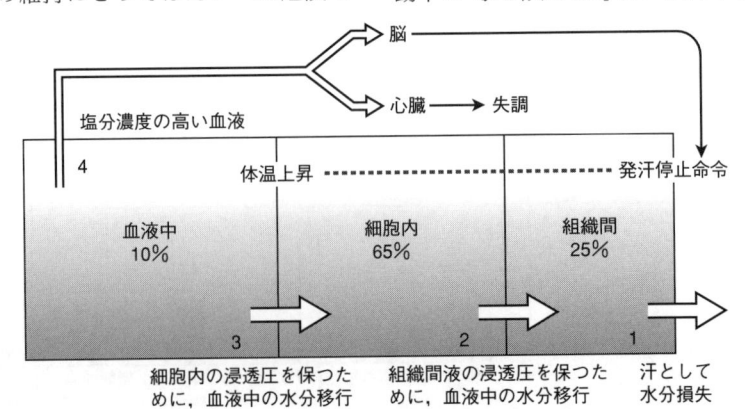

```
塩分濃度の高い血液 ──→ 脳
                    ↘ 心臓 ──→ 失調
                                           発汗停止命令
      4        体温上昇 ----------------------
   血液中      細胞内       組織間
    10%        65%         25%
     →          →           →
      3           2            1
 細胞内の浸透圧を保つ  組織間液の浸透圧を保つ  汗として
 ために、血液中の水分移行  ために、血液中の水分移行  水分損失
```

図12　発汗にともなう水分の移動 (青木, 1987)

た。これは，運動中に水を飲むと疲れるとか，あるいは運動能力が低下するといった理由からのようです。高温下で30分以上にわたって運動を行う場合，前もって十分に水分を補給しておくと，運動中の心拍数の増加も少なく，体温上昇もそれほど上がることなく，快適に運動を行えます。試合前に水を飲んでも，運動中に胃が満腹のため競技成績が低下するといった証拠はありません。

図13は，気温38℃(湿度35〜45％)のもとで，2％の登り坂を時速6kmで50分歩いては10分休むというペースで6時間歩きつづけ，その途中で水を飲むことがいかに大切であるかを示した実験結果です。

まったく水を飲まない場合(実線)には，体温が39℃以上にも上昇し，疲労困憊の状態におちいりました。休息時に飲みたいだけ水を飲む(一点鎖線)と，体温の上昇は比較的少なく，最後まで快適に歩くことができました。このとき，喉の渇きにしたがって自由に飲んだ水の量は，途中で発汗で失われた水の量の3分の2ほどの量でした。

そこで，休息時に汗と同じ塩水濃度(水1リットルに対して塩1〜2g)の水を汗によって失われた量と同じだけ強制的に飲ませた(点線)ところ，前にも増して快適に運動を行うことができたという結果を得ました。運動中に喉が渇いたら，おおいに水を飲んで，水分のバランスを乱さないようにすることは重要なことです。

3——効果的な水の飲み方

運動中に摂取した水は小腸で吸収されるため，摂取した水をできるだけ早く小腸に送ることです。そのためには，以下の3点に留意することが大切です。

① 量　15〜20分おきに100〜120ml程度。
② 温度　胃壁の動きは温度が冷たいほど活発になるので，冷やして飲む。
③ 濃度　水に物質がとけていると胃から腸へ行く時間が遅くなるので，まざりけのない水をのむ。

(堀田　昇)

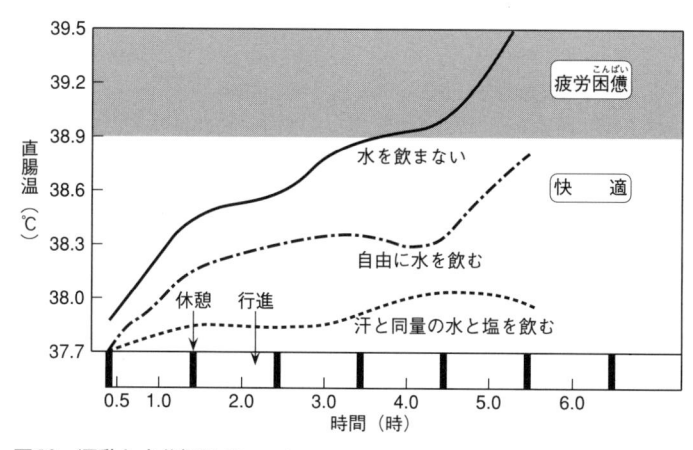

図13　運動と水分摂取(Pittsら，1944のデータをもとにMathewsとFox, 1971)

Q10 貧血の予防策
貧血を予防するための食事についてアドバイスしてください

A 貧血とは,血液中のヘモグロビン量が正常以下になった状態をいいます。運動選手の貧血は,主として「鉄欠乏性貧血」と「溶血性貧血」です。この貧血の状態がつづくと,疲れがとれなかったり,記録が低下したり,集中力がなくなってきます。ただし,適切な処置を行えば,予防は十分可能です。

1──鉄欠乏性貧血

鉄は,体内から便・尿として排泄されるだけでなく,トレーニングにともなう多量の発汗によっても損失されます。鉄欠乏状態は,一般に3段階(ステージⅠ,Ⅱ,Ⅲ)で進行していきます。それらの鉄欠乏状態と発見のための血液検査項目を表6に示しました。

一般的な貧血検査では,ステージⅢの項目しか行っていませんが,これだけでは鉄欠乏の状態を正確に判定できません。ステージⅠおよびⅡの3項目を加えることで,その状態を把握することができます。

2──溶血性貧血

溶血とは,赤血球の破壊のことをいいます。赤血球にはヘモグロビンが含まれ,酸素の運搬を行っています。通常,赤血球は約120日の寿命がありますが,以下の2つの要因でこの寿命が短くなってしまいます。

ひとつは足の地面への着地で受ける物理的な衝撃(インパクト)です。これはシューズを考慮したり,減量を行うことで軽減できます。もうひとつの要因は,"運動"というストレスにより赤血球の抵抗力が低下し,破壊されてしまいます。こちらの要因は,競技生活を引退しないかぎり取り除くことはできません。ただし,食事などで予防することは可能です。

溶血性貧血は鉄欠乏性貧血(ステージⅢ)の項目と総たんぱくの値を調べることで発見することができます。

3──貧血予防の食事のポイント

鉄欠乏性貧血および溶血性貧血の予防と改善のためには,食事による栄養状態の改善が効果的です。すなわち,ヘモグロビンの成分である鉄とたんぱく質を十分に含んだ食事をとることです。

表6　鉄欠乏状態とその発見法

進行状態	検査項目
ステージⅠ	血清フェリチン
ステージⅡ	血清鉄 総鉄結合能
ステージⅢ	赤血球,ヘモグロビン ヘマトクリット 平均赤血球血色素濃度

また，食事の改善でも十分でない場合には，栄養補助食品の利用も有効です。

①体内鉄貯蔵量を高める

鉄の体内での吸収率は，最大でも約10％とされています。われわれの日常生活の食品のなかで鉄の含有量が多い食品は，レバー，肉や赤身の魚(たとえば，かつお)，ほうれん草，ひじき，ブロッコリーなどです。これらの食品をかたよりなく，毎日食べることです。

②鉄の吸収を促進させる

ビタミンCは，鉄の吸収を促進させる物質として知られています。したがって，食事のときには，オレンジやグレープフルーツのような果実，あるいはそのジュースなどをとるとよいでしょう。サラダなどに用いるドレッシングもレモン系のものをおすすめします。

③たんぱく質を十分摂取する

溶血性貧血を予防するには，食事から十分なたんぱく質をとらなければなりません。

日本体育協会の報告によると，1日のたんぱく質の摂取量が体重1kgあたり1.3g以下になると溶血性貧血が起こるといいます。スポーツ選手は，1日2g/kg以上の摂取が望ましいでしょう。これらの補給により，赤血球が再生されるだけでなく，たんぱく質そのものが赤血球膜を強固な状態にしてくれるので，さらに溶血しにくくなります。

④鉄の吸収を阻害する食品をさける

鉄の吸収を阻害する物質に「タンニン」があります。これは，コーヒー，紅茶，緑茶などに多く含まれているので，食事で鉄の多い食品をたくさん食べても吸収が阻害されてしまいます。ただし，鉄剤などを飲んでいる場合には，1日1～2杯のコーヒーやお茶はあまり気にすることはありません。

また，カルシウムも鉄の吸収を約40％に阻害してしまうものです。したがって，カルシウムの多い牛乳などは，鉄の吸収からいえば食事から少し時間をおいて飲むことをおすすめします。

以上のことから，貧血予防の食事のポイントは，鉄を多く含んだ食品を鉄の吸収をよくするビタミンを豊富に含んだ野菜や果物と組み合わせて食べることです。そのうえで，鉄やビタミンあるいはたんぱく質などの栄養補助食品を利用することも有効でしょう。

(堀田　昇)

Q11 酒・タバコ
酒・タバコのスポーツへの影響について教えてください

A **1——飲酒がスポーツへ及ぼす影響**

アルコールの摂取が競技成績に及ぼす影響に関連した研究結果を検討した結果，アメリカスポーツ医学会は「スポーツにおけるアルコール摂取に関する公式見解」を以下のように示しました。

①一過性のアルコール摂取は，反応時間，目や手の協調能，正確性，バランスおよび全身の協調能などの広範な運動機能に有害な影響を及ぼす。

②一過性のアルコール摂取は，エネルギー代謝や最大酸素摂取量（$\dot{V}o_2max$），心拍数，一回拍出量，毎分拍出量，筋血流量，動静脈酸素差および呼吸動態などの競技成績に必須の代謝および生理機能へは実質的な影響を及ぼさない。アルコールの摂取は，寒冷環境下での長時間運動時の体温調節をそこなう可能性がある。

③一過性のアルコール摂取は，筋力，パワー，局所筋持久力，スピード，心臓血管系（全身）持久力を改善せず，反対に低下させる可能性がある。

④アルコールは，アメリカ合衆国でもっとも乱用されている薬物であり，競技中の事故とその結果生じる問題に関して大きな要因となる。また，長期間アルコールを摂取すると，肝臓，心臓，脳および筋肉に病的な変化が生じ，心身障害や死につながることが広く示されている。

⑤一過性のアルコールの摂取が，競技成績にどのような問題を及ぼすか，そしてアルコールの過剰摂取が一過性および慢性的にどのような問題を含んでいるかに関して，選手やコーチ，体育教師，医師，トレーナー，スポーツ・メディアおよび一般大衆に対する啓蒙活動を地道に継続していくべきである[1]。

アルコールには，緊張の緩和，ストレスの軽減といった効果もありますが，上述したマイナスの影響ももっています。上手に利用すればプラスに作用しますが，少なくとも運動の直前に摂取することは，競技成績だけでなく生理学的にもさけなければなりません。

2——タバコがスポーツへ及ぼす影響

喫煙による有害物質は，数千種類にも及ぶといわれています。そのうち，健康上もっとも危険な成分は，一酸化炭素，ニコチンおよびタールです。喫煙による一酸化炭素は，低濃度であっても長期間吸引することによって，慢性の一酸化炭素中毒を起こし，思考力や記憶力を低下させます。また，ニコチンは慣習性がきわめて高いために，喫煙者が禁煙しようにも禁煙できないのは，

喫煙者がすでにニコチン中毒になっているためです。さらに，タールは発がん性物質としても知られています。

　この3つの物質のなかで，競技成績にもっとも関係する物質が一酸化炭素です。われわれは運動中，空気中の酸素を肺で取り込みます。肺に入った酸素は血液中のヘモグロビンと結合し，結合酸素として筋肉へ運ばれ，エネルギーを発生するために利用されます。このとき，1分子のヘモグロビンは4分子の酸素と結合(運搬)できます。しかし，血中に酸素と一酸化炭素が同時に存在すると，一酸化炭素のヘモグロビンへの結合スピードが250～300倍も早いため，4分子の酸素と結合(運搬)できる酸素が全部運搬できなくなり，筋肉へ運ばれる酸素が低下することになります。すると，筋肉は利用できる酸素が低下するためエネルギー供給ができなくなり，最終的に全身持久力が低下することになるのです。

　この機構が「スポーツ選手は，タバコを吸ってはいけない！」という理由です。タバコは持久的競技者だけでなく，すべての競技種目の選手にとってさけるべきし好品であるといえます。

(堀田　昇)

1) Med. Sci. Sports 14(6)：ix-xi, 1982.

どうやってタバコをやめるか

●**基本的な心構え**
①心の安静につとめる。
・緊張しないように
・人と争わないように
・気分転換につとめる
②タバコに代わる楽しみを見つける。
・読書，芸術，スポーツ，社会活動など
③再発条件となるものをさける。
・喫煙者，喫煙場所，宴会，飲酒など
④今日1日，この1週間，この1か月というように，1歩1歩着実に。

●**ニコチンを排除するために**
①水やジュースを多量に飲む。
②果物をよくとる。

●**禁断症状をやわらげるために**
①イライラしたり落ち着かないときには
・深呼吸をする
②口やのどが渇くときには
・水やジュースを多量に飲む
③手がさびしいときには
・鉛筆，ボールペンを手にとる

●**精神的依存を断つためには**
①食事がすんだらすぐに席を立って歯をみがく。
②アルコール，コーヒー，香辛料などの刺激物はひかえる。
③睡眠は十分にとる。

救急蘇生法＊の手順

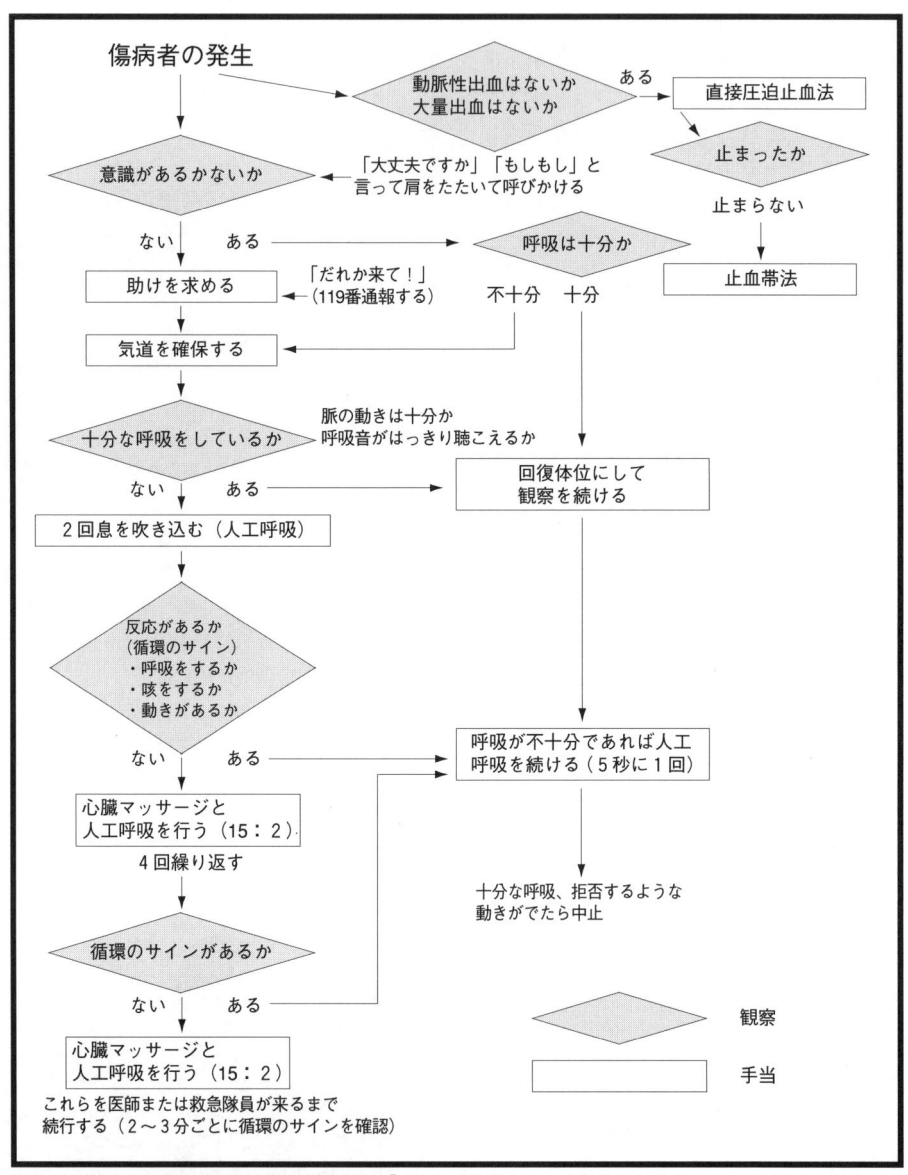

```
傷病者の発生
    │
    ├──────────→ 動脈性出血はないか ──ある──→ 直接圧迫止血法
    │           大量出血はないか                    │
    ↓                  ↑                           ↓
意識があるかないか ←──「大丈夫ですか」「もしもし」と    止まったか
    │                言って肩をたたいて呼びかける      │
 ない│ある                                        止まらない
    ↓   └──────→ 呼吸は十分か ←─────         ↓
 助けを求める   「だれか来て！」    │           止血帯法
    │         (119番通報する)   不十分 十分
    ↓
 気道を確保する ←──────────────┘
    │
    ↓       脈の動きは十分か
十分な呼吸をしているか   呼吸音がはっきり聴こえるか
 ない│ある
    │   └──────────────→ 回復体位にして
    ↓                          観察を続ける
 2回息を吹き込む（人工呼吸）            │
    ↓                                  │
 反応があるか                           │
 (循環のサイン)                         │
 ・呼吸をするか                         │
 ・咳をするか                           │
 ・動きがあるか                         │
 ない│ある                              ↓
    │   └─────────────→ 呼吸が不十分であれば人工
    ↓                         呼吸を続ける（5秒に1回）
 心臓マッサージと                        │
 人工呼吸を行う（15：2）                 ↓
    │                         十分な呼吸、拒否するような
  4回繰り返す                  動きがでたら中止
    ↓
 循環のサインがあるか
 ない│ある
    │   └──────────────┐
    ↓                       ↓         ◇ 観察
 心臓マッサージと
 人工呼吸を行う（15：2）              □ 手当
 これらを医師または救急隊員が来るまで
 続行する（2～3分ごとに循環のサインを確認）
```

（出典　日本救急医療財団監修、心肺蘇生法委員会編著「改訂版　指導者のための救急蘇生法の指針　一般市民用」へるす出版発行）
＊救急蘇生法には、心肺蘇生法と止血法が含まれる。

第6章

ケガを治して勝つ

1 スポーツ選手に多い障害

　一般に、スポーツで起こるケガや故障をスポーツ障害といいますが、厳密には「スポーツ外傷」と「スポーツ障害」の2つに分類されます。「スポーツ外傷」は一度の大きな外力でケガをしたもので、発生原因が、転んだ、ひねった、ぶつかったなど、はっきりしています。骨折や捻挫などがこれにあてはまります。いっぽう、「スポーツ障害」はくり返されるストレスによって疲労が蓄積し、痛みやケガを起こすものをいい、疲労性の骨膜炎や関節・筋肉痛などがあてはまります。

　スポーツ種目によって、障害を受ける場所には違いがあります。サッカー、バスケットボールなどのコンタクト・スポーツは、ダッシュ、急停止、ジャンプが多く、相手と交錯したり着地に失敗したりで、膝や足首の捻挫が多く見られます。

　ノンコンタクト・スポーツでも、バレーボールはレシーブしそこなって手の指を捻挫したり、ブロックで着地するとき、味方や相手の足の上に着地してしまい、足首を捻挫するケースが多く見られます。

　野球では、ボールを投げることによる障害が多く、疲労性のいわゆる野球肩や野球ひじ、投球やバッティングで激しく腰をひねりつづけるために起こる腰痛など、上半身の障害が多いのが特徴です。

　短距離や長距離などの陸上競技は、ノンコンタクト・スポーツですから、相手と交錯して膝を捻挫することはまずありませんが、ひたすら走ることによって、おもに下肢の疲労の蓄積による障害が多く見られます。脛骨の疲労性骨膜炎(いわゆるシン・スプリント)や足裏の足底筋膜炎、膝の鵞足部炎などです。

　また、年齢による特徴的な障害もあります。とくに成長期は、ぐんぐん伸びる骨に対し筋肉の発達が追いつかず、一過性に筋がはって身体がかたい状態となります。そういう時期に激しいスポーツをやりすぎると、かたくはったスジが骨の成長軟骨を引っ張ってしまい、オスグット・シュラッター病といって、腫れや炎症を起こしたり、ひどくなると成長軟骨がはがれてきたりします。今はやりのミニバスケットに多く見られる障害です。

2 スポーツ障害の予防法

スポーツ障害を予防するには，スポーツ障害の起こる原因を知ることがいちばんです。ほとんどのスポーツ障害は，オーバーユース(使いすぎによる疲労の蓄積)と誤った練習方法，フォーム，動作が原因といってよいでしょう。

スポーツ障害を予防する次の6つのポイントを覚えましょう。

❶十分なウォーミング・アップをする

軽いランニングと十分なストレッチングをして，身体が全開で運動できる準備をしましょう。

❷休養日を入れる

原則として週1～2日は練習を休んで，次にフル・パフォーマンスが発揮できるように充電しましょう。疲れが残ったままではケガのもとになります。

❸正しいフォーム・動作を身につける

投球動作，サーブ，タックル姿勢などが正しくできていますか？　誤ったフォーム・動作は，その人のパフォーマンスが上がらないばかりか，ケガのもとです。

❹むりなく正しい筋力トレーニングをする

むりな筋力トレーニングは，かえって関節や筋肉を痛めます。

❺同じ動作をくり返す練習をやりすぎない

1日中ピッチングやサーブの練習ばかりするなど，同一動作をくり返すと，部分的な筋肉にだけ集中的に疲労がたまり，危険です。

❻練習後はクールダウンをする

スポーツ中は，エンジン全開の車と同じです。急に運動をやめると，故障のもとになります。徐々に運動をやめ，ストレッチングをしましょう。とくに故障部位や，酷使した部分はアイシングしましょう。スポーツ障害は起こさないのがいちばんですが，もし起こしてしまったら，自己判断はせずに，かならず専門医を受診することが大切です。

3 スポーツ障害の治療法

　どんなに予防しても，試合前などのハードな練習によって疲労性の障害を起こしたり，試合中，相手と接触するなどして外傷は起こってしまいます。これまでは，一般の病院に行っても，「はい，試合を休みなさい」で終わってしまい，選手は「試合に出てもだいじょうぶですよ」といってくれる病院を求め転々としたり，整体や整骨院などの民間療法に救いを求めることがあたりまえのようになっていました。

　ところが近年では，スポーツ医学が一般に認知され，医療サイドでもそういった専門のスタッフと施設をととのえた病院がふえてきているので，安心してそのような専門病院で受診することです。捻挫ひとつにしても，画一的な治療ではなく，個々のスポーツの技術レベル，試合日などを踏まえた対応をしてくれることでしょう。

　もし，打撲や捻挫などのスポーツ外傷が起こってしまったら，

❶ただちにプレーを中断すること
　むりなプレーの続行は，靱帯損傷の程度を悪化させたり，骨折があった場合は，ずれた骨の角が凶器になって神経や血管を傷つける場合があります。

❷RICE処置(図1)をすること

❸専門医で受診すること
　脱臼などと自己判断して引っ張らないこと。骨折のケースもあるので，必ずレントゲンを撮ってもらうこと。また，診断がついても，スポーツ選手が必要以上の安静をとることは，体力の低下を招き，復帰に影響しかねないので，

1) できるだけ早く，専門の理学療法士かトレーナーの管理下で患部のリハビリを開始すること。

2) 患部外トレーニングをすぐに始める。痛めている箇所以外の部位のトレーニング，練習をすること。

3) リハビリや練習後，故障箇所のアイシングを習慣づけること。

　以上，どんなスポーツ障害でも治療の基本は同じですから，覚えておくとよいでしょう。

(佐田正二郎)

Rest レスト(安静)

ただちにプレーをやめましょう！ むりなプレー続行は，靭帯損傷などを悪化させるおそれがあります。現場に簡単な添え木があれば，それで固定するのも有効です。

Icing アイシング(冷やす)

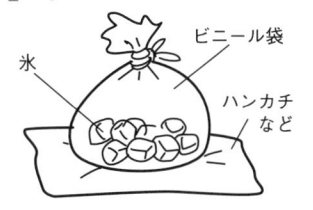

内出血や腫れを最小限にしたほうが，その後の治りがよくなります。また，疲労の軽減や同一部位の酷使によるケガの防止にもなりますので，ふだんからスポーツ後はアイシングしましょう。

Compression コンプレッション(圧迫)

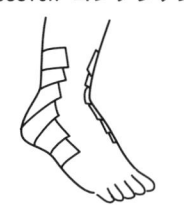

内出血や腫れを最小限にするため，弾力包帯かテーピングで痛い部分を巻いて圧迫しましょう。あまり圧迫が強いと，血液の循環が悪くなって，症状を悪化させる危険があるので注意してください。テーピングはオープンバスケットという方法がよいでしょう。

Elevation エレベイション(挙上)

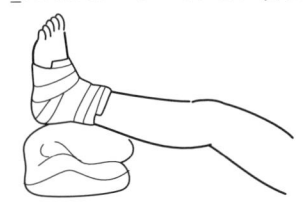

ケガの部分が腫れるのは，血液やリンパ液がたまるのが原因です。患部を心臓より高く上げれば，流れ込む血液やリンパ液の量が減り，出て行く量がふえるので，腫れをおさえて早く引かせることができます。

以上4つの処置の頭文字を取ってRICE(ライス)といいます。

図1 これだけは覚えよう！ RICE(ライス) 処置

Q1 腰痛対策
腰痛対策はどのようにしたらよいのですか

A 人間の身体は、もともと四つ足で歩くようにできています。それが2本足で歩くようになって背骨に大きな負担がかかるようになったのです。腰痛は、ある意味で人間の宿命ともいえますし、スポーツをすればなおさら深刻な問題です。

1——腰痛の原因

背骨・骨盤には2本足で生活するのにいちばん負担の少ないS字カーブの配列があります(図2, 3)。ところが、身体の柔軟性がなかったり、筋力が弱かったりすると、骨盤の傾きが乱れ、その上にある背骨全体の配列に影響します。そうすると、背骨を支える腹筋や背筋に無用な負担がかかり、筋性の腰痛になったり、腰のクッション材の役目をしている椎間板にも負担がかかって、椎間板ヘルニアになったりします。

また、野球やサッカーなど腰をひねる動作が多いスポーツの場合、下半身の柔軟性がないと、腰骨の関節に負担がかかり、疲労骨折を起こし、腰椎分離症になったりします。

2——腰痛対策

予防としては、柔軟性と正しい姿勢(骨盤の傾き)を身につけ、腹筋・背筋をきたえるため、日ごろから腰痛体操をしましょう(図4)。すでに痛めている場合は、スポーツ後に腰のアイシングを忘れずに実施することです。やわらかすぎるマットレスで寝たり、無理な姿勢でものを抱えたりすることも、腰に負担がかかります(図5)。また、スポーツ用のサポーターは予防に有効です。やわらかいので筋力が落ちる心配もありません。

(佐田正二郎)

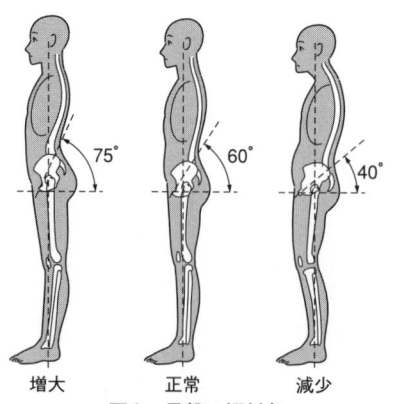

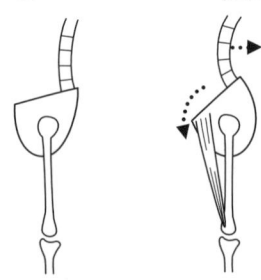

増大　　　正常　　　減少
図2　骨盤の傾斜角

図3　緊張した大腿筋膜張筋は、骨盤を前方へ回旋させ、腰椎を過伸展する

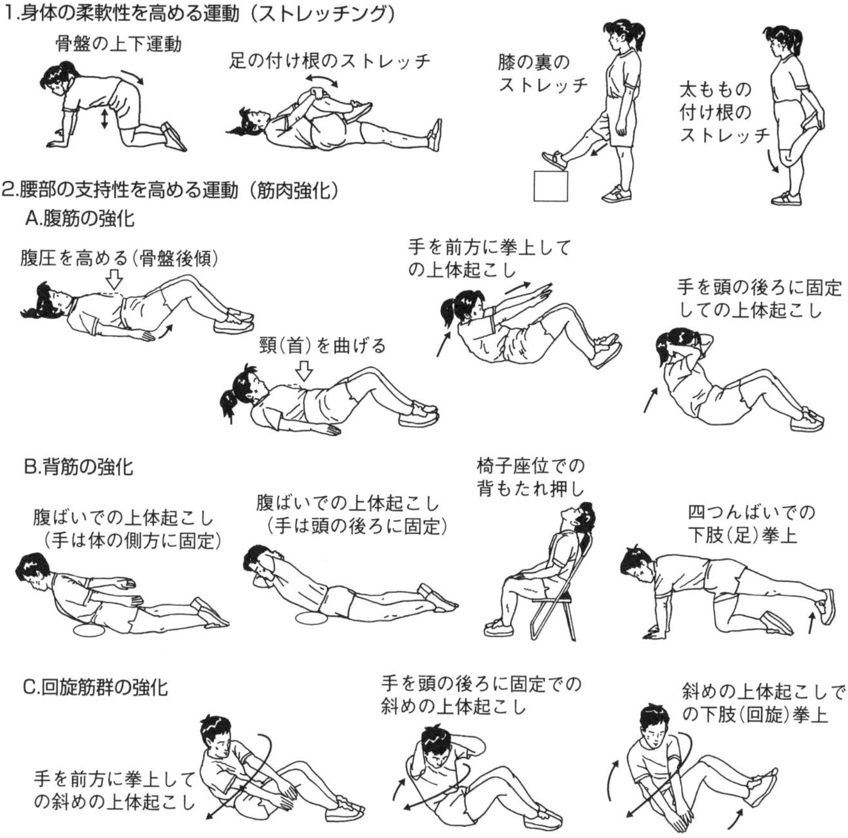

第6章 ケガを治して勝つ

1. 身体の柔軟性を高める運動(ストレッチング)

骨盤の上下運動　　足の付け根のストレッチ　　膝の裏のストレッチ　　太ももの付け根のストレッチ

2. 腰部の支持性を高める運動(筋肉強化)

A. 腹筋の強化

腹圧を高める(骨盤後傾)　　頸(首)を曲げる　　手を前方に挙上しての上体起こし　　手を頭の後ろに固定しての上体起こし

B. 背筋の強化

腹ばいでの上体起こし(手は体の側方に固定)　　腹ばいでの上体起こし(手は頭の後ろに固定)　　椅子座位での背もたれ押し　　四つんばいでの下肢(足)挙上

C. 回旋筋群の強化

手を前方に挙上しての斜めの上体起こし　　手を頭の後ろに固定での斜めの上体起こし　　斜めの上体起こしでの下肢(回旋)挙上

図4　腰痛体操

ぎっくり腰の予防

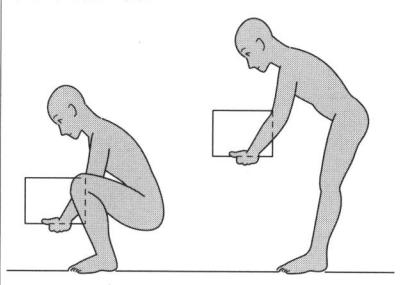

正しい姿勢　　悪い姿勢

対象にできるだけ近づくこと,腰を落とすことが腰への負担を小さくする。

生理的湾曲を保つ

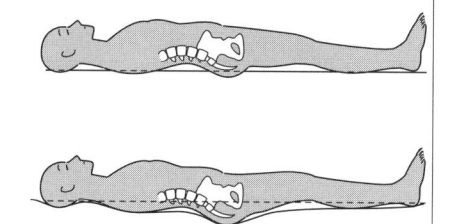

やわらかいマットレス(下図)では,骨の重みに従って腰が沈むので,腰椎の生理的湾曲にひずみが起こる。

図5　腰部と下肢のひずみを予防する

Q2 足関節の治療
足関節の治療法を教えてください

A 足関節のケガでもっとも多いのが、いわゆる捻挫です。とくに足首外側の靱帯の捻挫がいちばん多く、程度はⅠ～Ⅲ度まであります(図6)。Ⅱ度以上は、放置すると捻挫癖が残ったり、のちのち骨が変形して後遺症が出ることがありますから、しっかり治療する必要があります。

1──捻挫をしたとき

捻挫をしたら、まず、すみやかにプレーを中断し、RICE処置をします(139頁図1参照)。捻挫をしたとき「グツッ」とか「ボキッ」と感じたり、音がした場合はⅡ度以上か、あるいは骨折の可能性もあります。ケガした直後は痛みもなく腫れもなかったりしますが、むりをせず、すぐ休んでください。軽いⅠ度の捻挫ですんでいても、むりにプレーをつづけたばかりにⅢ度になってしまうこともあります。くれぐれも、たかが捻挫と油断することのないようにしてほしいと思います。そして、できればその日のうちに専門医を受診し、骨折の有無や捻挫の程度の判定をしてもらったほうがよいでしょう。

2──捻挫の程度別処置方法

Ⅰ度であれば、簡単なテーピングを行い、その日1日しっかりアイシングしておけば、数日で競技に復帰できます。
Ⅱ度は、できれば1～2週間は簡単な

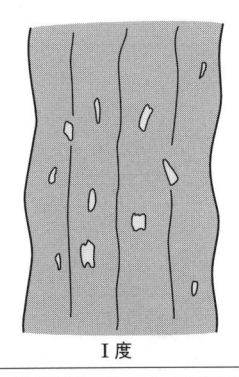

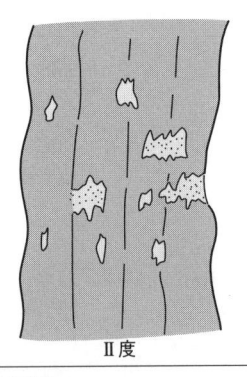

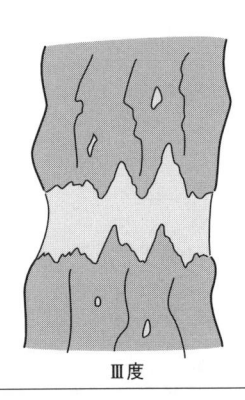

Ⅰ度：微小断裂はあるが、不安定性は生じない。
Ⅱ度：肉眼的な小断裂はあるが、連続性は保たれる。不安定性を認めるが終点(end point)が存在する。
Ⅲ度：完全断裂。著明な不安定性を認める。

図6　捻挫の程度

第6章 ケガを治して勝つ　143

副木（ふくぼく）で関節を固定して，体重もできるだけかけないほうがよいでしょう。固定がはずれたらテーピングで保護しながら，足関節周囲の筋力トレーニングやバランストレーニングを積極的に行い，3〜4週間でスポーツ復帰をめざします。

Ⅲ度は，靱帯の連続性が完全にない状態ですから，場合によっては手術が必要になりますし，手術しない場合でも2〜3週間は副木やギプスで固定をし，靱帯がくっつくのを助ける必要があります。この場合は，スポーツ完全復帰までは2か月前後かかります。

過去に捻挫をくり返し，靱帯がゆるみきっている場合や，初めてのⅢ度の捻挫でギプス後などは，靱帯を補う支柱の入ったサポーターが必要となりま

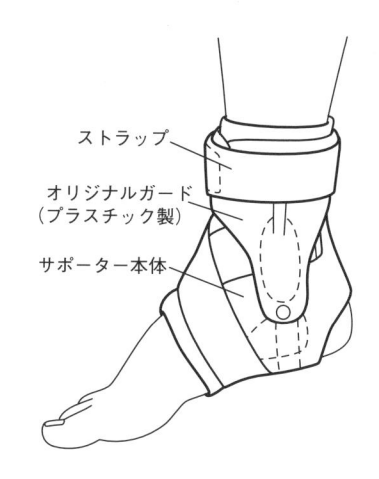

図7　サポーターとオリジナルガード

す(図7)。スポーツ用の各種のタイプがありますので，自分の足に合うものを選んで着用するとよいでしょう。

(佐田正二郎)

Q3 膝痛者の注意
膝の外側が痛いのですが，練習前後の注意事項を教えてください

A　1──病院で診断を受けることが先決

「膝の外側の痛み」については，次のような病気の可能性があります。タナ障害，離断性骨軟骨炎，分裂膝蓋骨，骨腫瘍(外骨腫)，滑液包炎，半月板損傷，外側側副靱帯損傷など，手術が必要な状態もありえますので，まずは病院で診断を受けることが大切です。

あなたの場合は，医師から「靱帯の炎症」と説明されていますので，それでは，「腸脛靱帯炎」と仮定して話を進めましょう。

2──原因

腸脛靱帯は大腿部の外側にあって，膝下(脛骨)から骨盤(腸骨)の間をバンドのように結んでいます。ランニングで膝屈伸をくり返すと，膝の外側の骨の隆起(大腿骨外顆)を，この靱帯が何度も乗り越えて摩擦するため，炎症が生じます。とくにO脚の場合は，靱帯の緊張が高まるので，炎症が起きやすくなります。O脚かどうか，チェックしましょう。直立した状態で，両膝の間に指が2本以上入る場合はO脚と判断できます。

3──シューズと路面

次に，シューズの裏側を見ましょう。かかとの外側が過剰にすりへっていませんか？

ランニング・シューズだけでなく，ふだんはいている靴もすべて確認しましょう。磨耗がひどければ，どんなお気に入りでも，新品に買いかえましょう。

シューズは衝撃の吸収性にすぐれたものを選んでいますか？　走るコースの路面のかたさ(コンクリートは最悪)，路面の傾斜も問題です。コース中のカーブにも注意が必要です。ロードでは，急カーブの連続はさけましょう。

また，トラックでは，左回りばかりでは右膝の腸脛靱帯炎が治りにくいので，右回りに走ることも考えてほしいところです。

4──足底板(＝インソール)

さらに病院では，足底板(靴の中敷き)をつくります。足の外側を斜めに高くして「O脚」を矯正するものです。

5──トレーニング

「下半身の強化」が重要です。

①大腿四頭筋

膝関節をささえる最強の筋肉は大腿四頭筋ですから，あらゆる方法でこれをきたえましょう。

②ハムストリング(大腿の裏側にあって，膝を曲げる筋群)

大腿四頭筋（前面）だけをきたえて，ハムストリング（後面）のトレーニングが不十分だと，かえって膝を痛めるということがわかっています。膝関節の障害を予防するには，ハムストリングの強化が絶対に重要です。

具体的には，レッグ・エクステンションやレッグ・プレスだけでは，前面ばかりが強くなりますので，レッグ・カールやチューブ・トレーニングで，後面（ハムストリング）もしっかりきたえましょう。

ただし，ハムストリングは，大腿四頭筋にくらべて強度が弱く，また痛めやすく治りにくい筋肉ですから過大な負荷は禁物です。また，ストレッチングやマッサージなどのケアを十分におこたりなくすることが大切です。

③内転筋(大腿の内側にあって，「膝をしめる」筋肉の総称)

ゴムボールを膝にはさんだり，チューブ(セラバンドなど)を使ったりして，内転筋をきたえましょう。

6──腸脛靱帯のストレッチング

ストレッチの本などを見て，大腿の外側の靱帯の柔軟性を高めましょう。

7──痛い部分のケア

トレーニング直後には，炎症を起こしている部分(痛い部分)をじっくりアイシングして，熱をとり，腫れや痛みをおさえましょう。冷湿布や鎮痛剤の軟こう，クリームも有効です。急性期のひどい痛みには「RICE」処置が基本です(139頁，図1参照)。

8──ランニング量をおさえる

さまざまな対策をしてもなかなか治らなければ，走行距離を短くする，休憩日を取り入れて回復をうながす，走行速度を下げるなど，「使いすぎ」をさけることが重要です。

なお，膝の骨や関節の状態については，病院できちんと診断を受け，必要に応じてレントゲンで確認する必要があります。現実に，骨の腫瘍が原因で「腸脛靱帯炎」が生じることもあります。

以上の点に気をつけて，スポーツを楽しんでください。　　　(高杉紳一郎)

①伸ばしたいほうの脚を反対の脚の後方で交差させる。
②両手は腰に当て，上体を反対方向に倒す。〈時間：約20秒間〉

図8　大腿外側面のストレッチング

Q4 肩痛の治療
肩を挙上すると痛いのですが，よい治療法を教えてください

A 1――インピンジメント症候群とは
病院で診察を受けて，レントゲン検査で，「骨や関節に異常なし」という前提でお話しましょう。腕を真横から上げると痛い，何かに引っかかったような感じがあるという状態は，インピンジメント症候群の典型的な症状です。「腱板炎」「ローテーター・カフの炎症」ともいわれ，ひどくなると「滑液包炎(かつえきほうえん)」を起こすこともあります。

「安静，シップ，鎮痛剤，リハビリ，注射，手術などが有効」と書いているマニュアルも多いのですが，これだけでは根本的な原因は何ひとつ解決しません。治っても必ず再発します。以下に，再発を防ぐ根本的な治療方針について述べます。

2――肩のケア
まず，日々の練習スケジュールを見なおす必要があります。ほとんどのアマチュア・プレーヤーは，時間に追われて身体のケアをまったくおこたっているようです。

事前のストレッチング(肩関節から肩甲骨周囲)，ウォーミング・アップ(練習前のジョギングやストレッチング)，終了後のストレッチングやアイシングは十分行っていますか。練習終了後，急いで帰宅するのではなく，「障害部位のケア」をおこたらない習慣が必要です。練習の時間配分にも反省と配慮が必要でしょう。

また，「加齢」そのものも原因となり，腱板(けんばん)は年齢とともに徐々に痛んできます。時には，いつのまにか自然に腱板が断裂し，穴があいていることさえあります。ですから，年齢や競技経験によって治り方に違いが出ます。

3――練習量の調整
肩の腱板は，一度炎症が起こるとなかなか治りきらず，数か月から半年も長引くこともあります。

オーバーユース(使いすぎ)のツケを支払うにはたいへんな時間がかかるので，当初しばらくは，自覚症状(痛み)と向き合いながら，投球数を調整して，痛みが出ない程度にとどめておく必要があります。痛い部分への十分なケアをおこたらないようにしてください。

4――基礎トレーニングで再発防止
痛みのひどい時期は肩の安静が必要です。ひどい痛み(急性炎症)がなくなれば，「痛みが生じないレベルのトレーニング」からはじめます。また，肩の安静中には，足腰の徹底トレーニングを行って土台をつくります。再発予防の身体をつくる絶好のチャンスと考えま

しょう。

ここでいうトレーニングとは，グラウンドで行う実践練習ではなく，ジムや部室などで行う基礎的な訓練，リハビリのことです。大リーガーは，実践練習と基礎トレーニングをはっきり区別していますが，日本では基礎トレーニングが軽視される傾向があります。

①肩を支える筋力トレーニング

インナーマッスルとアウターマッスルの強化を，バランスよく進めていく必要があります。とくに，インナーマッスルは，肩の回転軸をコントロールし，その回転の中心を安定させる非常に大切な筋肉です。たいへん繊細な筋肉で，薄く弱く痛みやすいので，時間をかけてていねいに訓練する必要があります。具体的には，チューブまたは軽いダンベルを使って，きわめて弱い力で肩の回旋動作を行います。

アウターマッスルは，ベンチプレスやバイセプスカールなど，よく知られたウエイト・トレーニングできたえます。

②土台からきたえる

視点を変えて，建物は「土台」からつくり上げていくことに注目しましょう。肩に負担をかけない投球の原点は，足腰をきたえることにあります。

第1の土台として，足の筋群(大腿四頭筋や臀筋など)をきたえることによって，円滑でパワフルな重心移動が可能になります。つまり「重い球」を投げることができます。膝をやわらかく使って，重心を下げたパワフルな投球は，下腿〜大腿〜臀部のパワーと持久力をきたえて，はじめて可能になります。

第2に，土台としての体幹筋群(腹筋や背筋)をきたえましょう。股関節から腰部の大きな筋群が総動員されると，身体のひねりと屈伸が十分に生かされます。これら体幹筋群が弱いと，肩から先だけで投げることになり，小手先の「手投げ」になって，肩に過剰な負荷がかかります。

第3に，肩甲骨周囲や胸のまわりの筋群(大胸筋，僧帽筋，広背筋)をしっかりきたえれば，土台から伝わってきたトルクが，自然に腕から手先に伝達されて，「ムチ」のような投球をすることができるようになり，「身体の切れ」が出てくるでしょう。

5——量と質，身体全体を使う投げ方

肩の障害は，医学書にあるような局所治療だけでは，なかなか治りません。治っても必ず再発します。

「足→腰→肩→ひじ→手→ボール」のリンクのなかでリハビリを組み立てる必要があります。時期と症状に応じて，休める部分ときたえる部分をプログラムしましょう。

肩を休めている期間にも，きたえる課題はたくさんあります。肩にやさしい投げ方の基本は，「投球の量と質の調整」と「身体全体を使う投げ方」だと再確認しましょう。

(高杉紳一郎)

Q5 疲労骨折の予防
疲労骨折を予防する方法はないでしょうか

A 読んで字のごとく，疲労で骨折するわけですから，予防は「疲労をためないこと」につきます。総論でも述べたように，休養を入れて，ひとつの練習を集中的にくり返しすぎないことです。

もうひとつ有効なのが，すねの内側や足の甲の骨は疲労骨折の好発部位なのですが，そこにジャンプやダッシュでかかる衝撃をやわらげるくふうをすることです。具体的には靴のインソール（中敷き）を自分の足形に合わせてつくって装着したり，すねを包むやわらかいサポーターをつけることなどです。骨折してからでは遅いので，少しでも違和感があったら，あらかじめ装着し

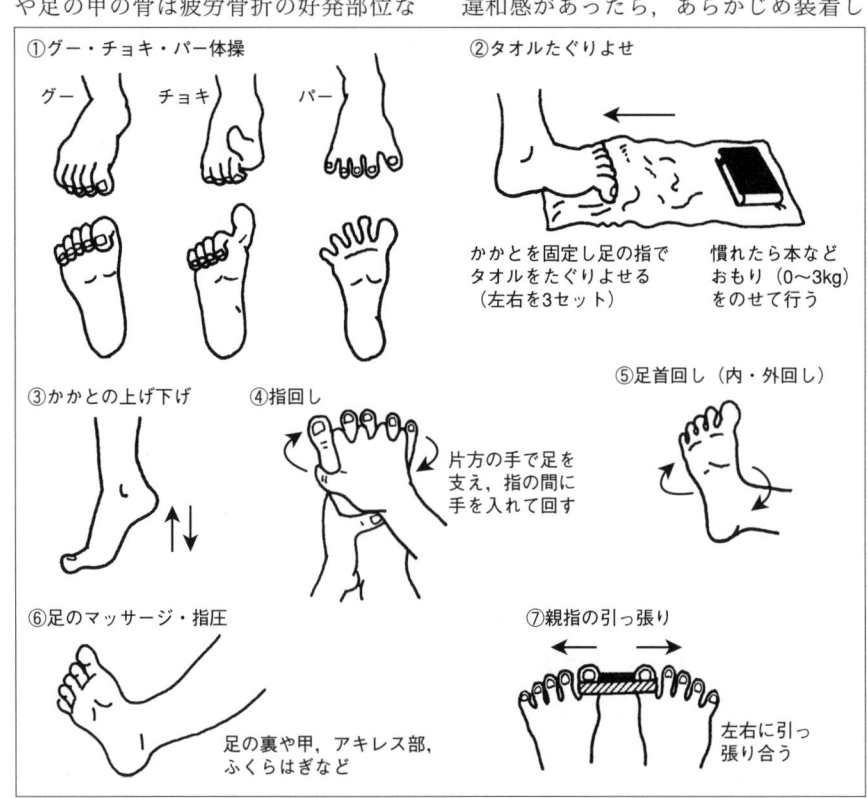

①グー・チョキ・パー体操
グー　チョキ　パー

②タオルたぐりよせ
かかとを固定し足の指でタオルをたぐりよせる（左右を3セット）
慣れたら本などおもり（0〜3kg）をのせて行う

③かかとの上げ下げ

④指回し
片方の手で足を支え，指の間に手を入れて回す

⑤足首回し（内・外回し）

⑥足のマッサージ・指圧
足の裏や甲，アキレス部，ふくらはぎなど

⑦親指の引っ張り
左右に引っ張り合う

図9　足の甲に柔軟性をつけるストレッチング

ておいたほうがよいでしょう。

　靴は人間の平均的な標準の形でつくってありますが，実際には人間の足形は千差万別です。インソールは靴と足のフィット感を高めて効率よく身体の力を地面に伝え，下肢のO脚やX脚などのアライメントを修正し，スポーツ・パフォーマンスを向上させる効果も高いので，おすすめします。

　あとは，疲労骨折の好発部位であるすねや足の甲につく筋肉に柔軟性をつけるストレッチングと筋力トレーニングをするとよいでしょう。

(佐田正二郎)

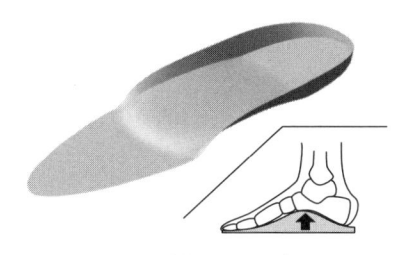

図10　縦アーチサポート

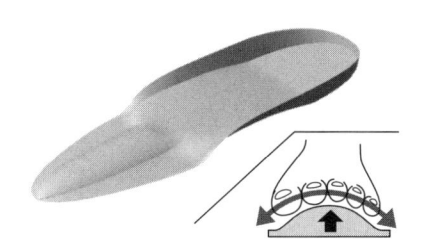

図11　メタタルザルサポート

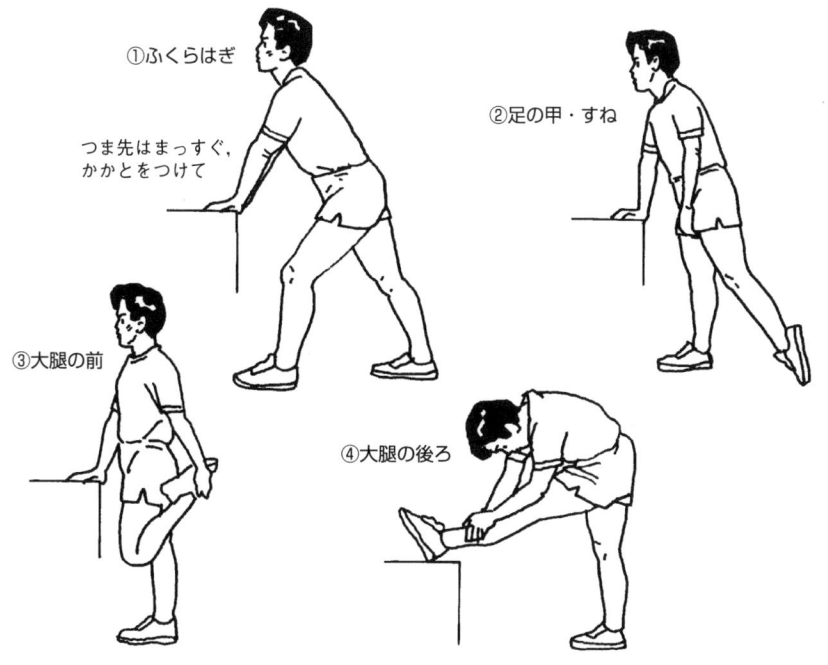

①ふくらはぎ
つま先はまっすぐ，かかとをつけて

②足の甲・すね

③大腿の前

④大腿の後ろ

図12　下肢のストレッチ(20〜30秒)

Q6 スポーツ心臓
「スポーツ心臓」とはどんな心臓ですか

A **1──心臓は身体の左側にない?**

スポーツ心臓という言葉は、高い競技レベルをめざして長期間きびしい練習をつづけている競技者が、大きな心臓をもつ場合に使われます。この言葉は1899年に Henchen(ドイツ)がはじめて提唱したものです。

スポーツ心臓について説明する前に、心臓そのものについておかしな風聞が広がっているようです。というのは、みなさんは「心臓は身体の左側にある」という話を耳にしたことがありませんか。これはたぶん、心臓の一部にだけ目を奪われたことから生じた誤解だと思われます。また、古典的な解剖学では、心臓に関する左右の位置づけが、生体内での左右という方向性とは無関係に名づけられていることも、ある種の混乱を生じさせたのかもしれません。

そこで、心臓の位置を臨床解剖学(生きている心臓を扱う)にもとづいて正確に表現してみましょう。心臓は胸郭(きょうかく)のほぼ中心部に存在し、左右の肺と横隔膜(おうかくまく)に囲まれたところに位置しています。しかも心臓は厚さの異なった筋肉の壁からなる4つの部屋をもち、それぞれが上下左右前後にバランスよく配置されています。この4つの部屋が接合する点を中心と見なすと、全身からの血液(静脈血)が還ってくるための受け入れ部屋となる壁の薄い右・上部にある右心房と、それにつづく肺へ血液を送り出す部屋である下・前部にある右心室があります。さらに肺循環によって酸素に富んだ血液(動脈血)を受け取る部屋となる上・後部にある左心房と、全身へ血液を送り出す力を発揮するために筋肉の壁がもっとも厚い左・下部にある左心室から構成されています。とくに、右心室と左心房は身体の中心部に位置していますから、左側にある左心室だけが心臓だというわけではありません。

心臓はすべての部屋のもつ役割が正常に機能してはじめて、血液を全身の血管へリズミカルに循環させることができるようになっています。そのため心臓に還ってくる血液(静脈還流量)が多少ふえても、また心臓から送り出された血液量に対して動脈側の抵抗(末梢血管抵抗)が高いという状態が起こったとしても、それらをうまく処理する予備能力が心臓には備わっています。

2──スポーツ心臓とは

ところが、その予備能力を上まわるような身体活動、つまり質量ともに厳しい練習を長期間つづけると、結果として心臓にある変化が起こってくると考えられます。その変化は、部屋の壁に相当する心筋の厚さが増す「心肥大」に

なるか，または心室の部屋そのものである心室腔が拡大する「心拡大」になるだろうということです。時には，その両者が合併することもあるでしょう。

では，スポーツ心臓というものは，果たして正常なのでしょうか。つまり，トレーニングによる生理的な適応の結果なのか，あるいは疲労状態を示す病的な表現型なのかということです。しかも，なぜそのような形態的・機能的な変化が起こるのでしょうか。結論からいえば，正常とも異常ともいえないのが本当のところです。これまで，心肥大や心拡大の特徴に関して，いろいろな説が提唱されたのですが，臨床的にはっきりと解明されたわけではありません。たとえば，筋力トレーニングを行っている選手では，心肥大が認められているのに対して，持久性トレーニングをおもに行っている選手は心拡大を認めると報告されたことがあります。しかし，今日では否定されています。

一般的なスポーツ心臓の診断は，胸部レントゲン写真像と心電図所見にもとづいて行われます。正面胸写像によって，心臓の左右の大きさが最大胸郭幅に対して(心胸比) 50％以上を占めているときに拡大心があると診断されます。スポーツ心臓では心胸比が多くは50％程度で，最大でも55％だと報告されています。詳しい検査として心エコーが行われますと，心肥大や心拡大の鑑別は容易にできます。心肥大や心拡大が高度な場合には，生理的な限界を超えた一種の病的状態として，オーバーロードあるいはオーバーユース症候群に相当する症例もあると考えられています。とくに若年者の突然死の原因疾患のひとつである肥大型心筋症との鑑別が問題となりますので，必ず専門医の診断を受けてください。

いっぽう，スポーツ心臓の機能面からの特徴としては，心電図所見からは洞性徐脈，Ⅰ度房室ブロック，不完全右脚ブロックや心室肥大などがあげられます。一般所見としては，安静時に心拍数(脈拍数)が非常に少ないことが特徴です。一般人の安静座位時の心拍数は毎分60〜100拍が正常範囲ですが，40〜50拍/分を示す選手も少なくありません。なかには，正常洞調律でありながら33拍/分を示した長距離走選手もいました。このような選手は，ゆっくりと効率よく動いてくれる大きな容量の心臓をもっているのでしょう。おそらく心臓から送り出す血液量である最大心拍出量や1回拍出量の増加だけでなく，これらの高い値を長時間持続させるために，ほかの適応機構も存在するはずです。たとえば，血管の太さや心臓の弁口径の増加がともなうと思われますが，実際にはスポーツ心臓に関するそのような報告はほとんどありません。

心臓の生理的適応能力の限界については，今日なお問題として残っています。今後，スポーツ心臓についてはこれまで以上に，健常でかつ競技能力の高い心臓を対象にした研究の成果が望まれます。

(清永　明)

1) R. Rost，川初清典，川原貴共訳：『スポーツ心臓学』，オーム社，1992.
2) 南谷和利：「スポーツ心臓」，臨床スポーツ医学，3；p.87-95，1986.

Q7 不整脈の注意
不整脈といわれましたが、どんなことに注意すればよいですか

A 1──不整脈とは

一般にスポーツ選手によく認められる安静時の心電図所見は、①洞徐脈、房室結節調律または房室補充収縮、②Ⅰ度およびⅡ度 (Wenchebach型) 房室ブロック、③不完全右脚ブロック、右室肥大、④R波高電位 (左側胸部誘導)、⑤ST上昇とT波増高 (左側胸部誘導)、と報告されています。

われわれも以前F大学体育学部学生796名 (男性583名、女性213名) を対象に、安静時心電図検査 (標準12誘導心電図) と1日の生活活動中をすべて監視できる24時間心電図検査をしました。彼らは幼少時よりいろいろなスポーツに親しんできた競技者の代表例と考えてよいと思いますが、大学入学以前にすでに不整脈を指摘されていたのは47例(5.9%)でした。心電図所見の結果は、表1と表2に示すとおりです。24時間心電図では、病的ではない孤立性心室性期外収縮が55例(9.4%)に認められました。また彼らのなかで、日ごろから練習終了後にめまいを感じたことがある者は116名(14.6%)で、動悸を感じたことがある者は57名(7.2%)でした。しかし、上記の心電図異常との関係はまったくありませんでした。

2──不整脈の症状と注意点

不整脈とひと口にいっても、上述した以外にもいろいろなタイプが存在し、注意を要するタイプと経過を見ていくだけでよいタイプに分けられます。代表的な不整脈について、その病態、それぞれの場合の注意点について簡単に説明したいと思います。

①洞徐脈、房室結節調律または房室補充収縮

心拍数が毎分50拍以下になる洞調律です。またその徐脈の影響によって、房室結節調律や房室補充収縮が起こるの

表1　標準12誘導心電図所見 (796例)

左室肥大	151例 (19.0%)
洞徐脈 (<50拍/分)	113例 (14.3%)
Ⅰ度房室ブロック	8例 (1.0%)
完全右脚ブロック	3例 (0.4%)
上室性 (心房性) 期外収縮頻発	3例 (0.4%)
心室性期外収縮頻発	2例 (0.3%)
WPW症候群	2例 (0.3%)

表2　ホルター心電図 (584例)

正常	529例 (90.6%)
孤立性心室性期外収縮	55例 (9.4%)

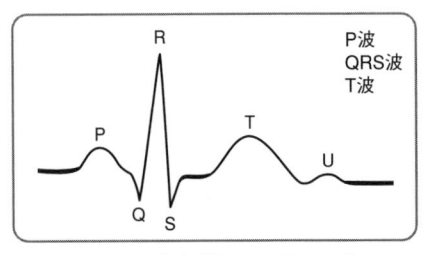

図13　正常心電図と各波の名称

です。これらの所見があったとしても心配する必要はありません。スポーツによる一種の適応の結果だと考えられるからです。

② Ⅰ度・Ⅱ度(Wenchebach型)房室ブロック

Ⅰ度房室ブロックは、心電図上の最初の小さな波形であるP波と次に見られる大きな棘波であるR波の間隔、つまり心房から心室への伝導時間がのびているのをあらわします。徐脈にともなうこともあります。これもスポーツによる適応と考えてよいので、心配しないでください。いっぽう、Ⅱ度(Wenchebach型)房室ブロックは、P波とR波の時間が徐々にのびていき、突然R波が認められなくなることを示します。一見するとたいへんな病態が起こっているようですが、薬も何も不必要です。ただ、定期的に経過を観察していくだけです。

③心房性期外収縮

洞調律のP波と形の異なったP'波が早期に出現し、QRS波は正常です。日常生活でも運動する場合においても何も問題はありません。

④心室性期外収縮

先行するP波がなく、大きく変形した、幅広いQRSが早期に出現します。これが1分間に1個程度であったり、1時間に30個以内であれば問題になりません。しかし、1)運動などで出現する数が多くなったり、2)毎分5～6個以上で頻発するとき、3)形の異なった幅広いQRSが2つ以上出現する多源性であったり、4)連発していたり、5)R on T (T波の上にR波が出現)の場合は、専門医に必ず相談してください。

⑤完全右脚ブロック

これは胸部誘導でR波の幅が広くかつ二峰性を示しますが、ほとんどの場合心配する必要はないと判断してかまいません。波形は正常とは異なっていますが、たんに左心室から右心室へと電気刺激が広がっているだけのことで、機能的には問題ありません。

3——一般的な注意事項

①電解質のバランスの保持

電解質、とくにカリウムの摂取を大いにすすめます。というのも、カリウムは筋肉ばかりでなく、心筋の興奮を起こしにくくする役割を果たしています。つまり、異常な興奮をおさえ、細胞膜の安定をもたらす作用があるからです。野菜や果物に多く含まれていますので、それらを多くとる必要があります。ちなみにバナナ1本に人がとるべき1日のカリウム量が含まれています。スポーツ選手に栄養価の高い食物としてバナナがすすめられるのは、カリウムの点からも理にかなっています。

②咳救命法

万が一の場合に限定しますが、違和感を感じたときには、「大きな咳をしてみる」のも一方法かもしれません。重篤な不整脈、たとえば、発作性の心室頻拍症などをとめることができると報告されているからです。　　　　　（清永　明）

1) K. Moroe, et al. Evaluation of Abnormal Signal-averaged Electrocardiograms in Young Athletes. J. Circ. J. 59, 5, p. 247-256, 1995.
2) R. Rost, 川初清典, 川原貴共訳：『スポーツ心臓学』, オーム社, 1992.

腹痛対策
Q8 最近,走っていてわき腹が痛くなりますが,何か対策はないでしょうか

A **1――原因**

ふだんの日常生活行動ではどうでもないのに,走るなどの運動を行ったときに急にわき腹が痛くなったことは,だれもが一度は経験していることでしょう。そのほとんどは悪いものではなく,ほおっておいてもおさまるものです。

ただ,この症状は食事との関係が深く,その多くは,食後1時間以内の運動で認められるようです。その理由には,血液再分布の問題が考えられています。つまり,食後は内臓への血流が増加しなければならない状態にもかかわらず,激しい運動が行われると内臓への血流を犠牲にしても筋肉へ送る血液を最大では5倍も供給しなければならなくなるからです。そのときの内臓血流量は,正常時の20％程度にまで低下することになります。

そのほかの原因として,胃腸のガス貯留の問題があります。ガス貯留が大量になれば,腸管内壁への機械的な圧迫刺激となって,わき腹痛を生じるのです。この場合は,呑気症(空気嚥下症)を考えなくてはなりません。呑気症というものは,本人が食事中におしゃべりしたり,無意識のうちに口を開いたままでそしゃくする習慣によって,結果的に,食事内容物といっしょに空気を飲み込むことで発症すると考えられています。

安静時に,すでに腹部膨満が認められることもあります。腸管内のガスは,大腸の曲がり角である左結腸曲や右結腸曲にたまりやすいのです。腹部の打診からも多くはそれを証明できます。走行中に腹部膨満感と左右の上腹部痛が出現することが多いのもうなずけるでしょう。

また,練習や試合などで走るたびに,わき腹痛を訴える選手もいることから考えても,日ごろの食行動や食習慣と関係している可能性があります。多くの場合,このガスを通過させるだけで即座に腹痛が消失したり,あるいは軽減することになります。

2――対策と治療

自分でできる対策や治療としては,

①運動する前に,食事はいつとるのかに気をつけることです。わき腹痛が習慣的に起こるなら,少なくとも運動前の3時間は食事をとらないほうがよいでしょう。

②また,自分のそしゃく習慣に問題点を見つけたならば,自分自身で意識的に口をとじて,そしゃくできるように訓練するしかありません。

③そのほか,ふだんから便通を規則正

しく行う習慣をつけておくことも大切でしょう。そのためには，積極的に食物繊維が多く含まれている食べ物をとることが必要になります。

それにもかかわらず，この症状が出現した場合に何か対策がないのかということに対しては，緊急用の手技として上腹部に対する操体法(そうたいほう)をおすすめします。操体法を提唱した故橋本敬三先生の方法を説明しますが，うまくやれば，腸管内のガスの移動が容易に起こり，腹部膨満感はたちどころに改善します。

その具体的な手技は，まずあおむけになって，尻の下に枕などを使って腰の部分を高くします。とにかく，骨盤の恥骨部と胸骨の剣状突起との間の距離を短縮させることによって，腹壁の緊張をできるだけゆるめてやるのです。そして，静かに自分のてのひらでガスが停滞していると思われるところを軽く圧迫しながら，深呼吸をゆっくり行います。とくに，呼気時に腹筋を緊張しすぎないようにするの肝心です。

たいていの場合は，まもなくガスがググーッと動くのを感じとれます。それだけで，いままでの腹痛がやむこともあります。時には成功しないこともありますが，成功する確率はかなり高いといえるでしょう。当然，放屁して状態がよくなることがあります。

結腸でなくて，胃にガスがたまっている場合もあります。その場合は，ゲップが出ればよくなります。ゲップを出すいちばんよい方法は，むりをしない程度に膝を高くあげて，足踏みをすることです。足踏みを20回ぐらいやると，たいていは一発で出ると報告されています。

とくに，運動中にわき腹痛が習慣化している選手に対しては，ふだんからの予防対策のひとつに，この操体法を加えてみてはいかがでしょうか。運動する前のアップの段階で，ストレッチや準備体操をするのと同様に，かならず上腹部への操体法を行ってみることです。

3——操体法のまとめ

① まず一連の動作をはじめる前に，最初は軽くひと息吸ってください(吸気開始)。

② 次に，息をはきながら(呼気時に)上腹部を重ねた両てのひらで静かにおさえながら，左側下方へ動かすように力を加えていきます。

③ その状態を呼気時のままで，1から10まで数える時間の間つづけます。

④ その後，ひと息吸います(2回目の吸気)。

⑤ 次の瞬間に息をはく(2回目の呼気)と同時に，力を入れていた手を腹部から離します。

⑥ この一連の動作を数回くり返してください。

もし，操体法を行っている最中に痛みが増強するようであれば，即座に中止してください。そして，かならず専門医の診断を受けてください。

(清永　明)

1) 橋本敬三：『生体の歪みを正す』，創元社，1987.

温湿布，冷湿布

Q9 あたためるべきか，冷やすべきか，どちらがよいのですか

A 1——炎症とは

捻挫などのケガをすると，腫れて熱をもつという炎症が起こります。炎症というと痛みの原因となるので悪いイメージがありますが，本来は身体の組織を自己修復するための反応なのです。

炎症をわかりやすく道路工事にたとえると，道をきれいになおす修復工事をするためには，まず修復箇所以上の広い範囲をかこって場所を確保する必要があります。これが，炎症の腫れに相当します。それによって，対向車線が通行止めになったりして交通渋滞も引き起こすでしょう。これが，血行障害に相当します。また，さまざまな騒音やほこりも巻き上がります。これが，熱や痛みに相当します。いずれも，ある程度はしかたのないことですが，度が過ぎると，かえって周囲に迷惑をかけることになります。

炎症には，組織が損傷を受けて1～2週間の，急激に炎症が進む急性期（熱をもち，腫れでじんじん痛む）と，その後数週間から数か月にわたってじっくり組織の修復が行われる慢性期とがあります。アイシング（冷やすこと）やあたためることは，この炎症反応に対してアクセル（促進）やブレーキの役割を果たします。

2——炎症が激しい時期は冷やす

急性期にあまりに炎症が激しいと，血行障害などによって，円滑な修復作業が進みません。よけいな熱を奪ったり，痛みを一時的にしびれさせて痛みの悪循環をとめるために，ブレーキ目的にアイシングします。

実際に冷やす場合は，湿布などは身体表面の温度が張ってから15分後に3℃程度下がるだけで，ほんとうに冷やしたい深部組織までは冷えず，表面温度は30℃以上のままです。しっかり氷で冷やすべきでしょう。氷でひやすと，5℃くらいまでじっくり冷やすことができます。当然，湯船につかって患部をあたためてしまうこともさけましょう。

3——炎症がおさまったらあたためる

慢性期は，ある意味で炎症反応（道路工事）が滞り，効率の悪い作業が行われている状況です。血行をよくして必要物資を供給し，作業を加速（アクセルの役目）してやる必要があります。

そのために，湯船にゆっくりつかるなどして患部をじっくりあたためます。

(佐田正二郎)

第6章　ケガを治して勝つ　157

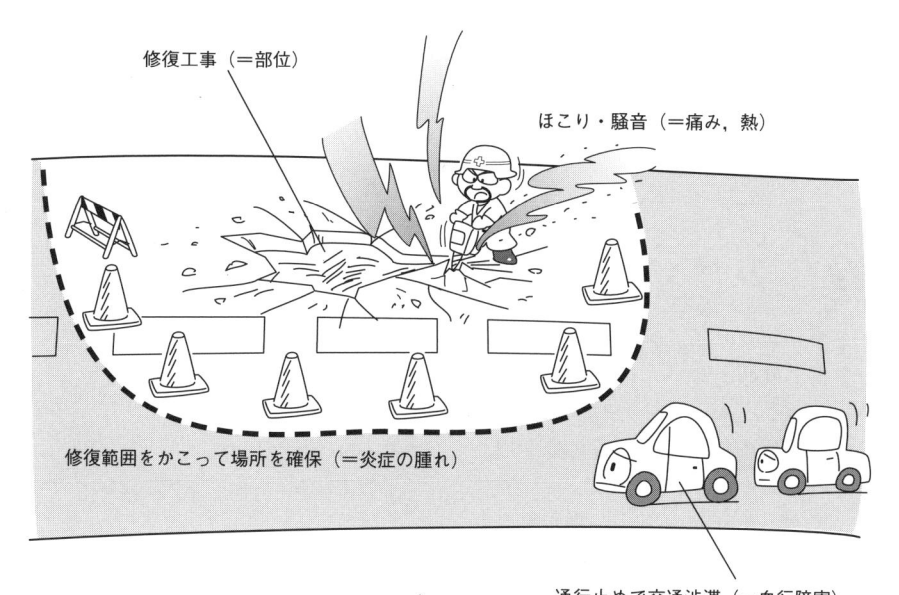

修復工事（＝部位）

ほこり・騒音（＝痛み，熱）

修復範囲をかこって場所を確保（＝炎症の腫れ）

通行止めで交通渋滞（＝血行障害）

図14　炎症を道路工事にたとえると

アイシングの注意点

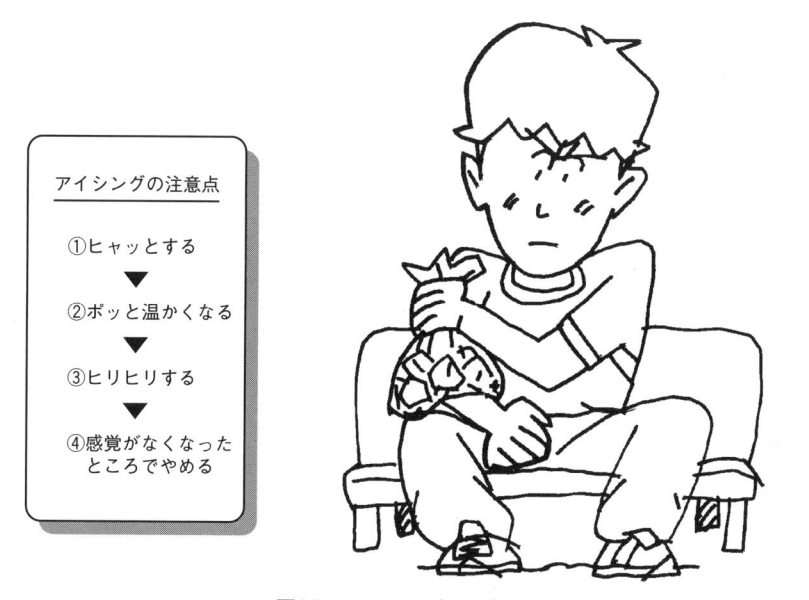

①ヒャッとする
▼
②ボッと温かくなる
▼
③ヒリヒリする
▼
④感覚がなくなったところでやめる

図15　アイシングの注意点

Q10 ストレッチングの方法
ストレッチングの正しい方法を教えてください

A ストレッチングには，次のような効果があります。
①筋肉，スジの障害を予防します。
②筋肉の緊張をやわらげて，精神的ストレスをへらしリラックスさせます。
③関節や筋肉が思いどおりに動きやすくなります。
④関節の柔軟性が向上し，動く範囲を大きくします。
⑤筋ポンプ作用を高めて，血行の促進，疲労物質を取り除き，疲労を緩和します。

実際に行う場合は，以下の点に注意して行います。
①のばす筋肉を十分意識する。
②強い痛みの出ない範囲で，できるだけのばす。
③息をとめず，ゆっくり息をはきながら行う。
④反動をつけず，20秒から30秒，時間をかけてのばす。

一般的なウォーミングアップのため

その場ランニング

背部のストレッチング

体幹(前部)のストレッチング

肩のストレッチング

腕振り運動

のストレッチングは，おおむね図16のような方法でいいでしょう。

(佐田正二郎)

1) 井街悠:『ストレッチング』，成美堂出版，1995.
2) 栗山節郎，山田保:『ストレッチングの実際』，南江堂，1994.

図16 ウォーミング・アップのためのストレッチング

- その場での軽いランニングと少なくとも5分間のランニング・ジョギング
- 背部のストレッチング(背部に障害が起こるスポーツに有効)
- 体幹のストレッチング(すべてのスポーツに有効)
- 肩のストレッチング(ハードル，短距離，長距離の陸上選手には不要)
- 腕振り運動(サイクリスト，長距離の陸上選手には不要。ゆっくり行うこと，そうすれば痛めることなくストレッチされる)
- 起き上がり腹筋運動変法－アブドミナルカール(背部に障害が起こるスポーツや無理な姿勢で行うスポーツに有効)
- 鼠径部(そけいぶ)のストレッチング(すべてのスポーツに有効)
- 臀部のストレッチング(すべてのスポーツに有効)
- ハムストリング(大腿部膝屈筋)のストレッチング(すべてのスポーツに有効)
- 大腿四頭筋のストレッチング(すべてのスポーツに有効)
- ふくらはぎ(下腿三頭筋)のストレッチング(すべてのスポーツに有効)

アブドミナルカール

鼠径部(そけいぶ)のストレッチング

臀部のストレッチング

ハムストリング(膝屈筋)のストレッチング

大腿四頭筋のストレッチング

ふくらはぎ(下腿三頭筋)のストレッチング

Q11 スポーツ・マッサージの方法
スポーツ・マッサージのしかたを教えてください

A **1——スポーツ・マッサージ**
　スポーツ・マッサージ(アスレティック・マッサージ)は，おもに選手の筋肉の疲労回復や障害予防をはかる目的で，手や足などの身体の各部を使って相手の皮膚を直接末梢側から中枢側へ，すなわち「指先や足先から心臓へ向かう」という原則に従って，さする，もむ，圧迫する，引っぱる，たたくなどの物理的刺激を与える手技療法です。

　マッサージは身体の局所に行うことが原則ですが，時には全身の疲労回復を目的とする場合に全身マッサージを行うこともあります。局所マッサージは10分以内，全身マッサージは30～60分程度が通常行われています。マッサージを行うときの力の入れぐあいは，基本的には弱い力でしなければなりません。強い力を使って，激しくきつくするのは禁物です。やさしくいたわるような気持ちで，リズミカルに行うことが大切です。

2——マッサージを行う前に
　また，マッサージを行う前に注意しなければならないことがあります。選手の状態によっては，マッサージをしてはならないときがあるからです。たとえば，1) 全身症状として発熱があったり，痛みや腫れ，または発赤などがあったとき(急性炎症所見)，2) 捻挫，打撲や肉離れなどの傷害を受けた直後，3) 湿疹などの皮膚疾患があるときには，マッサージはしないでください。マッサージによる刺激が与えられると，それらの症状が増悪することがあるからです。やみくもに身体をマッサージすればよいわけではありません。

3——マッサージの方法
　手技上の方法としては，
① 軽擦法：対象部位を軽くなで，さする方法
② 揉捏法：もみ，こねる方法
③ 叩打法：軽くたたく方法
④ 強擦法：強くさする方法
⑤ 圧迫法：押す方法
⑥ 伸展法：のばす方法
⑦ 振戦法：振るわせる方法
の7つに分類されています。

　初心者が行う場合，「軽擦法」がもっともやりやすいでしょう。マッサージを行う場合に最初に行う手技で，実際にプロのマッサージ師もこの手技だけですますことが多いようです。対象部位を「軽くなで，さする」方法で，もっとも基本的な手技です。やり方としては，末梢側(手や足の先端)から中枢側(心臓部)の方向に，という原則を守ることです。そして，同じ圧力で血管やリンパ管

の走行に沿って手を皮膚に密着させて行います。

次に、「叩打法」も初心者にはすすめられます。自分の手指を使い、マッサージする部位を軽くリズミカルにたたく方法です。自分の肩の力を抜いて上肢をリラックスさせて、ひじから手掌を細かく動かしてたたくのです。たたく速度は、およそ1秒間に5〜6回程度です。「振戦法」というものもすすめられます。手のいろいろな部分を使って、かたくなった筋肉を細かくふるわせて、神経組織の興奮性を高める方法です。

「圧迫法」はだれもが簡単にできる「指圧法」として紹介されています。手指のいろいろな部位を使い、対象となるマッサージ部分を、持続的にまたは間欠的に「押す」ことによって、適度な圧迫刺激を加える方法です。神経や筋の興奮による痛みを軽減したり、時にはけいれんを取り除く目的で行われます。

4——下肢の疲労に役立つツボ

目的とする対象部位を特異的に選択できる経穴(ツボ)に刺激を加えると効果があります。経穴は全身に365個存在するといわれていますが、それらのなかから選手にとって役立つと思われる経穴をいくつか紹介しましょう。

競技種目が何であっても、下肢の疲労はスポーツ選手に共通して認められると思います。そういう場合に役立つ経穴の代表として、「足三里」と「三陰交」があります。図17に示している方法に従って経穴を見つけてください。その際、もっとも痛む(あるいは響く)とこ

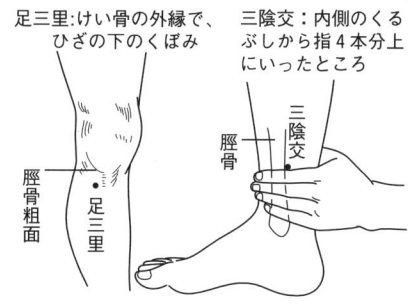

図17 経穴を見つける方法[3]

ろがあれば、そこが目的とする経穴である可能性が高いと思います。しかし元来、経穴を選ぶ原則は明らかではなく、さらに効果的な経穴を選ぶにはその道の専門家が必要です。

ところが最近、身体への一種の伸展運動を刺激として与え、それに対する反応性を根拠に効果的な経穴を選ぶという経絡テストが向野らによって開発されました。彼らの方法は、たとえば下肢なら下肢をあらゆる方向に動かしてみて、もっとも痛みが誘発された動きに注目することが重要となります。その動きによって伸展される部位を末梢側からなぞっていけば、目的とする経穴が見つかるというものです。

以上のような方法を使って選ばれた経穴に対して、1分間程度押し続けておけば、下肢の疲れは驚くほど軽減するでしょう。

(清永　明)

1) 栗山節郎、村井貞夫、本間暁美:『アスレチック・マッサージの実際』、南江堂、1993.
2) 向野義人、Gerald Kaelblinger、陳勇:『経絡テスト』、医歯薬出版、1999.
3) 李丁、天津中医学院:『針灸経穴辞典』、東洋学術出版社、1987.

Q12 テーピングの方法
テーピングのしかたを教えてください

A スポーツマンのあいだでは，テーピングをするのが日常的になっています。しかし，なんの知識ももたずに行っても，効果がないばかりか，かえって障害を引き起こす原因ともなってしまいます。くわしくは，専門書を読むなり，トレーナーなどの指導のもとに正しく行うことが大切です。

1——テーピングの目的
①障害の予防：捻挫しないように，あらかじめ足首などにテーピングする。
②障害の再発防止：ケガしたところに，同じケガをくり返さないようにする。
③応急処置：受傷部位を固定，圧迫する(RICE処置のひとつ)。

2——テーピングの効果
①関節の過剰な動きを制限する。
②人工的な靭帯，腱となる。
③圧迫を加える。
④痛みをやわらげる。
⑤精神的に安心する。

もっとも使用頻度が高い足関節の一般的なテーピング方法を紹介します(図18)。

(佐田正二郎)

図18　足首の(再発防止のための)テーピング

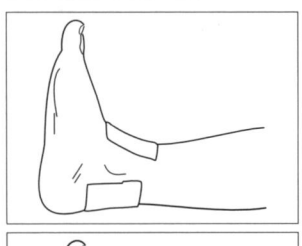

1 テーピングをより効果的にするために，できるかぎり足首の周りの毛はそっておく。固定力を高めるため，トゥルーステックを部位全体にスプレーする。テーピングをするときは，図のようにアキレス腱の後ろと足の甲の部分にワセリンをぬり，その上にガーゼを置く。

2 J-ラップ(アンダーラップ)は図のように土踏まずの部分からふくらはぎの下部までをカバーする。J-ラップは薄いナイロンの皮膜のため，足首の形態によくフィットするが，張力によって縁がまるまることがあるので，あまり強く引っ張らず，張り面が一様になるようにする。

第6章　ケガを治して勝つ　163

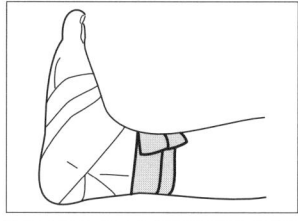

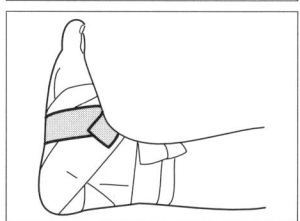

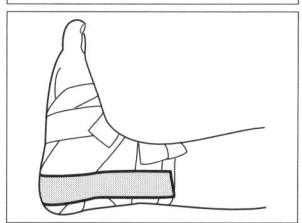

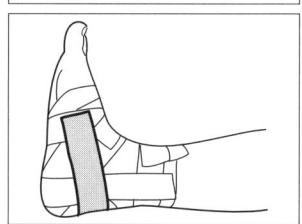

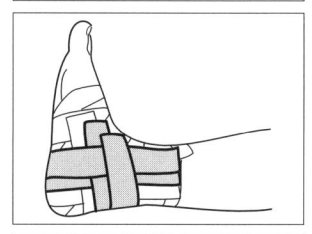

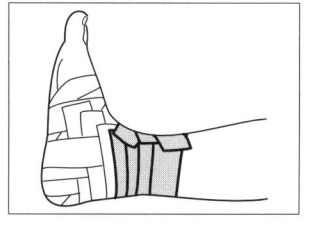

3　アンカーテープを貼る。ふくらはぎの少し下にすねの形に逆らわずに一周させ，前面で重ね合わせる。J-ラップを使う場合は，1枚目のアンカーテープは直接皮膚の上に貼る。2枚目のアンカーテープは，1枚目のアンカーテープに1/2重なるようにする。アンカーテープの役目は，以後に貼っていくスターアップテープの固定力を強めるためのものである。

4　土踏まずの部分にもアンカーテープを貼る。この部分のアンカーテープは，あまりきつくなりすぎないように注意する。また，足首から遠すぎないように，つまりアンカーテープが足の指の付け根の近くにならないように注意する。このテープは，ホースシューテープの固定力を強める。人によっては，この部分へのアンカーテープを嫌う人もいるが，その場合は貼らなくてもよい。

5　スターアップテープを貼る。内反捻挫をした場合は，内側のアンカーからはじめて，足の裏を通り，外側に少し引っ張りぎみにして外側のアンカーの上で止める。外反捻挫をした場合は，足の裏を中心に内・外周側に均等に力を加えてテープを貼る。このテープで足の裏が，内・外側にねじれないようにする。

6　スターアップテープと交差するようにホースシューテープを貼る（バスケット編み）。

7　さらにスターアップとホースシューを交互に各々2枚ずつ貼る。各々のテープは1/2ずつ重ね合わせるバスケット編みをする。ホースシューテープは，土踏まずのアンカーからはじめてアキレス腱の後ろを通り，反対側のアンカーの上で止める。足の甲の部分がきつくならないようにするために，ホースシューテープは階段状に少しずつ短くしていく。

8　すでに3本目までホースシューテープを貼ってあるので，サーキュラー（環状）テープからはじめていく。このテープは，すねの前の部分で重ね合わせるようにする。足の大きな人は，ここに4本目のホースシューテープ，つまりすねの前の部分をあけたテープを貼る。そして1/2ずつテープを重ね合わせながら，最初のすねのアンカーの上にこのテープが重なるまでサーキュラーテープを貼る。

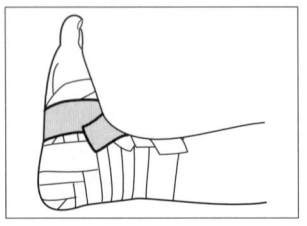

9 ホースシューテープの端を固定するために，土踏まずの部分にアンカーテープを貼る。最初のアンカーテープ同様，あまりきつくしないようにする。

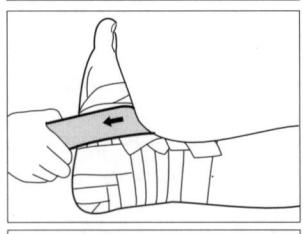

10 足首部分をさらに固定し，また足の裏が内側を向く内反の動きをさらに制限するために，フィギュアエイトテープ(8の字型のテープ)を貼る。まず，外くるぶしの上からはじめて，足の甲を横切り，土踏まずの真上を通るようにテープをもっていく。

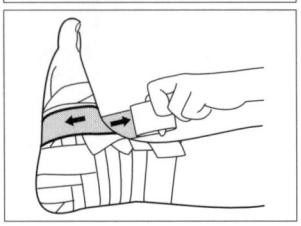

11 足の内側の土踏まずの部分から足の裏を通り，外側にほんの少し引っ張り上げるようにする。足の裏にテープを張るときは，テープをかかとのほうに引っ張ったり，足の指のほうに引っ張ったりして，テープが斜めにならないように注意する。

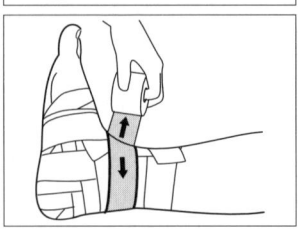

12 足の甲の部分を通ったあと，内くるぶしの上を通り，アキレス腱の後ろにテープをもっていく。足の甲の部分をテープが通るとき，フィギュアエイトテープの貼りはじめのテープとこのテープが，ちょうど足の甲の真中で交差するようにする。

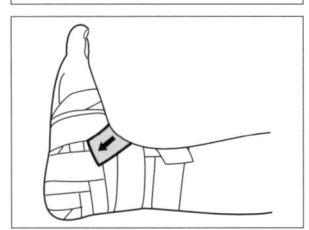

13 アキレス腱の後ろを通ったあと，外くるぶしの上を通り，足の甲の部分でテープを止める。フィギュアエイト完了。

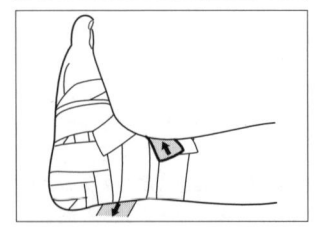

14 次にかかとの骨を固定するために，ヒールロックというテープを貼る。まず，すねの上からはじめて，斜めに外くるぶしより少し上を通り，アキレス腱の後ろに向かってテープを貼る。

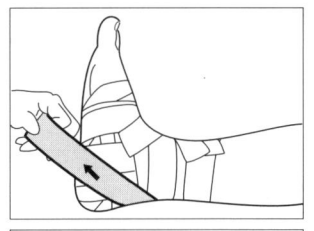

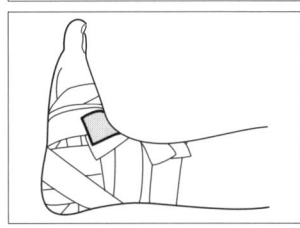

第6章 ケガを治して勝つ 165

15, 16 アキレス腱の後ろを通ったあと，内側のかかとを斜めに横切るようにテープを足の裏にもっていく。この後，足の形に合わせて足の甲の上あたりでテープを切る。かかとを斜めに横切るテープが，かかとの先端に近すぎたり，遠すぎたりしないようにする。

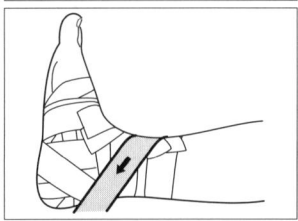

17 反対側へのヒールロックを貼る。すねの上からはじめて，斜めに内くるぶしの上を通り，アキレス腱の後ろに向かってテープを貼る。

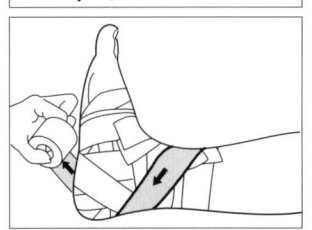

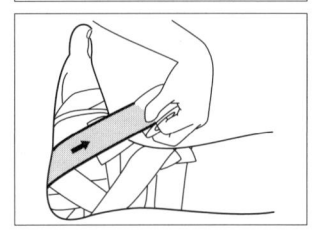

18, 19 アキレス腱の後ろを通ったあと，外側のかかとを斜めに横切るようにテープを足の裏にもっていく。この後，足の形に合わせて足の甲の上あたりでテープを切る。

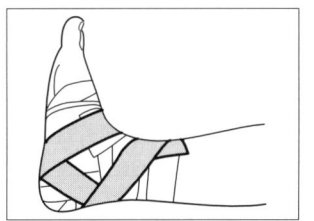

20 完成図。

Q13 ドーピング ドーピング違反になる飲み物について教えてください

A ドーピングとは，選手が競技能力を高める目的で薬物を使用することで，不正行為そのものも含まれます。今後は，国民体育大会や高校総体などの国内大会でもドーピング検査が常識となってきますので，他人ごとではすまされません。

1――なぜ悪いのか

ドーピングが禁じられる理由は，次の3点に集約されます。
①健康を害する。
②スポーツ精神に反する。
③社会悪に通ずる。

つまり，健康な選手に副作用を及ぼす危険があり，薬によっては催奇形性のため子どもの世代にまで害を及ぼします。また，何よりフェア精神に反するものであるうえに，麻薬乱用など社会悪の温床にもなるために，厳しく禁じられているのです。

2――禁止薬物の種類(IOC)

①**禁止薬物**：5種類に分類されます。
　A 興奮剤
　B 麻薬
　C たんぱく同化剤
　D 利尿剤
　E ペプチドホルモン
②**禁止方法**：薬物だけでなく「不正行為」もドーピング違反です。
　A 血液ドーピング
　B 薬理学的・化学的・物理的不正操作
③**一定の条件下で規制**：ある条件下で規制対象となっている薬物もあります。
　A アルコール
　B マリファナ(大麻)
　C 局所麻酔剤
　D コルチコステロイド(副腎皮質ステロイド)
　E ベータ遮断剤

使用薬物のワースト3は，たんぱく同化剤＝筋肉増強剤(60%)，興奮剤(19%)，マリファナ(14%)の順です。

「血液ドーピング」とは，試合前に自分の血液を保存しておき，試合直前に体内にもどして持久能力を高めようとする行為で，これを見破ることは困難です。ほかにも，試合直後にカテーテルを使って他人の尿を自分の膀胱に注入してから検査室に出頭するという，驚くべき不正行為もあります。

3――かぜ薬(漢方薬を含む)

驚くことに，かぜ薬の約70%には興奮剤が入っています(鼻水や痰をおさえる成分としてメチルエフェドリンやカフェインなど)。現実に，複数の日本選手が「かぜ薬でドーピング違反」とされて制裁を受けた例があります。「ついウ

ッカリ」や「知らなかった」では通用しません。漢方薬も要注意で，葛根湯（かっこんとう）を試合前に服用して陽性判定を受けた事例が複数あります。
①対策1：1週間前に中止する
　興奮剤は，筋肉増強剤と違って代謝が早いので，内服中止から数日以内には尿中に排泄され体外へ出ていきます。個人差を考慮しても，「試合の1週間前までに中止」すれば，問題はありません。好みの薬を自由に使っても大丈夫です。
②対策2：禁止物質を含まない薬を選ぶ
　薬によっては，禁止薬物の入っていないものもたくさんあり，試合中も使えます。詳細は参考文献をご参照ください[1]。よく調べて事前にそろえておき，チームに1箱「安心薬箱」として保管しておけば便利です。ただし，似た名前の薬には十分な注意が必要です。

4──気管支喘息

　かぜ薬と同様に，ほとんどの喘息治療薬にも興奮剤が入っています。実際にドーピング違反で処分された例があります。しかも喘息の場合は，かぜと違って，適切な薬物治療を行わないと重症化する危険もありますので，自己判断ではなく，まず主治医に事情を話し，綿密な打ち合わせをしておくことが必要です。
①対策1：規制なしに使える薬を選ぶ
　たとえば，インタール，ザジテン，リザベン，アゼプチン，アミノフィリン，テオフィリン，テオドールなど，一定の薬は何の規制もなく使用可能です。
②対策2：申告書を提出する

主治医に「薬物使用申告書」を記載してもらい，試合前に当該医事責任者に提出すれば認められる薬もあります。よく効くステロイド剤でも，「吸入剤」にかぎっては申告書を提出すれば使用できます。

5──ドリンク剤

　ほとんどのドリンク剤や強壮剤には，カフェインが50mg程度入っています。ほかにもコーヒー，紅茶，ウーロン茶，コーラなどカフェイン入りの飲料は，身のまわりにたくさんあります。これらを短時間で大量に飲めば問題となります。コーヒーでいえば「2～3時間以内に6～8杯を飲み干すと陽性になる」といわれていますが，食後の一杯程度では通常は問題になりません。ただし，尿中濃度は個人差が大きいので100％の保証はできません。
①対策：ドリンク剤にたよらない習慣
　日ごろからドリンク剤やコーヒー類にたよるクセをつけないことがもっとも大切です。

　以上，私たちがもっとも警戒すべき「かぜ薬，喘息薬，ドリンク剤」について述べました。ほかにも国際的には「筋肉増強剤」がもっとも多く，直輸入品や出所不明のサプリメントにまじって入ってくることもあり，要注意です。いずれにせよ，正しい知識と情報さえもてば，なにもおそれる必要はありません。勉強していきましょう。　　（高杉紳一郎）

1) 武藤芳照編，『新2・ドーピングってなに?』，ブックハウス・エイチディ．

Q14 けいれんの予防と対策
プレー中によく,ふくらはぎがつります。予防対策を教えてください

A　一般的に,こむらがえり(筋痙攣)は「筋肉の疲労」や「水分・電解質の喪失」,「温度の低下」や「精神的な緊張」などが原因で起こります。さらに「筋力不足」＋「柔軟性不足」がベースにあるでしょう。ここでは,予防のポイントについて説明します。

1――ストレッチング
①ふくらはぎのストレッチングについては複数のパターンがあります。解説書を見て,プレー前後には念入りに実行してください。
②ふくらはぎだけでは不十分ですから,下肢から体幹にかけて全身的な柔軟性が必要です。とくに大腿群の裏側(ハムストリング)がかたい人や,背骨(腰から背中の筋群)がかたい人は要注意です。
③練習後のクールダウンとストレッチングをおこたっていませんか。手を抜くと,筋肉内の疲労物質が蓄積されたまま,自宅まで持ち帰ることになります。

2――筋力のトレーニング
①局所の筋力
　ふくらはぎの筋力アップには「カーフレイズ」が第1ですが,それだけでは足りません。タオルギャザー(足指の把握力),レッグカールチューブを用いた方法も有効です。
②筋力バランス
　左足と右足,前面と後面,上肢と下肢のように,1か所だけでなく,バランスを考えてきたえましょう。
③全身の筋力
　局所にとらわれず,全身の筋力についても考えねばなりません。大腿四頭筋力や大臀筋,体幹筋力(腹筋や背筋)が十分でなければなりません。これらが不十分であれば,競技が進むにつれて,重心を下げた前傾姿勢が保てなくなるでしょう。必然的に身体は「棒立ち」に近づくため,腓腹筋に過大なストレスが加わります。

3――用具・環境・フォーム
　シューズなどの用具,グラウンドのかたさ,自分のフォームなどについて自分自身だけでなく,コーチの指導を受けたり,ほかのチームメイトの目で見てもらいましょう。

4――水分・電解質の適切な補給
　大量に発汗した場合に,水分やミネラルの補給をおこたると,脱水でパフォーマンスが落ちるだけでなく,「足がつりやすく」なります。
①1時間程度なら水だけでもだいじょ

うぶですが，それ以上ならナトリウムなどの電解質，さらには糖分も補給しましょう。
②理想的な水の温度は，5〜15℃。
③量は，1回に100〜250ml程度。
④飲水の間隔は，15〜30分間隔で。「一度にがぶ飲み」は禁物です。
⑤実践的には，スポーツドリンクを半分くらいにうすめて冷やしておくと便利です。
⑥練習前後に体重を計って，コンディションをチェックする習慣をつけましょう。
⑦日ごろから，野菜や果物から十分なミネラルをとって，偏食をなくすことも大切です。

5——温度
①ウォーム・アップ
朝練習や放課後，グラウンドやコートに駆けつけて，即プレー！というパターンが多く見られます。一般に，少なくとも準備運動は20分，整理運動は10分をめやすにするべきです。
②冷やすか，あたためるか?
1) 運動直後は，痛い部分のアイシングをおこたりなくする。ただし，冷やすのは運動直後のみです。
2) 日ごろから筋肉を保温して血流を保ち柔軟性を確保します。帰宅後は，シャワー浴より，入浴して局所をあたためたほうがよいでしょう。血流をふやしたほうが，疲労物質が洗い流され，筋疲労の回復が早まるからです。
3) 冷房の季節で，日ごろから痛い部分を「冷やさない心がけ」が必要です。扇風機やエアコンの風に直接当たりつづけないように，部屋の温度やウェアに気をつけましょう。

6——メンタル・トレーニング
精神的な緊張も大いに影響します。具体的な対処法としては，事前に相手の情報を手に入れたり，試合予定のコートを借りて練習したり，試合中のイメージ・トレーニングをして，適切なペース配分を考えます。メンタルな部分にも十分配慮しましょう。

7——その他のケア
①マッサージ
スポーツ・マッサージなども有効です。
②電気治療器具
家庭用の治療器具（低周波や赤外線治療器，ホットパックなど）を使って，痛みのある局所をあたためたり，ほぐしたりして，血流を増やして回復をうながしましょう。
③サポーターの使用
プレー中に予防的にサポーターを使用すると保護効果もあります。ただし，きつすぎるテーピングなどは血流を障害して，逆効果です。
④体重のコントロール
下腿から足部の障害では，体重が問題になります。あなたの場合は適正体重ですか。
　　　　　　　　　（高杉紳一郎）

1) 栗山節郎：『スポーツ障害・救急ハンドブック』，不昧堂出版，p.58，1987.
2) 渡曾公治（黒田善雄，中嶋寛之編）：『こむらがえり スポーツ医学Q&A 1』，金原出版，p.216-218，1988.

執 筆 者

[執筆者]

徳永　幹雄　第一福祉大学教授
　　　　　　福岡県体育協会スポーツ医・科学委員会前委員(前委員長)，スポーツ心理学担当
田口　正公　福岡大学スポーツ科学部教授
　　　　　　福岡県体育協会スポーツ医・科学委員会委員長，バイオメカニクス担当
山本　勝昭　福岡大学スポーツ科学部教授
　　　　　　福岡県体育協会スポーツ医・科学委員会前委員(元副委員長)，スポーツ心理学担当
田中　宏暁　福岡大学スポーツ科学部教授
　　　　　　福岡県体育協会スポーツ医・科学委員会前委員(元副委員長)，運動生理学担当
清永　明　　福岡大学スポーツ科学部教授
　　　　　　福岡県体育協会スポーツ医・科学委員会前委員，スポーツ医学担当
三本松正敏　福岡教育大学教授
　　　　　　福岡県体育協会スポーツ医・科学委員会元委員，スポーツ社会学担当
屋代　正範　福岡教育大学教授
　　　　　　福岡県体育協会スポーツ医・科学委員会前委員，スポーツ栄養学担当
堀田　昇　　元九州大学健康科学センター助教授（2006年逝去）
　　　　　　福岡県体育協会スポーツ医・科学委員会前委員(元副委員長)，運動生理学担当
森山　善彦　森山スポーツ医科学研究所所長
　　　　　　福岡県体育協会スポーツ医・科学委員会副委員長，運動生理学担当
高杉紳一郎　九州大学医学部附属病院講師
　　　　　　福岡県体育協会スポーツ医・科学委員会委員，スポーツ医学担当
渡辺　和己　福岡県体育協会スポーツ医・科学委員会元委員
　　　　　　同選手強化委員会元委員(元委員長)
高山　順　　福岡県体育協会スポーツ医・科学委員会委員元委員
　　　　　　同選手強化委員会元委員(元副委員長)
坂口　建夫　福岡県体育協会事務局長

[執筆協力者]

佐田正二郎　正樹会佐田整形外科病院院長
鈴木　康信　フィジカルサポート代表
佐伯　徹郎　日本女子体育大学
清水　利之　正樹会佐田整形外科病院フィットネス事業課長
渡邊　修　　福岡大学スポーツ科学部(非常勤講師)
牛原　信次　福岡県筑紫野市教育委員会
河野　儀久　博多の森コンディショニングセンター代表

Q&A　実力発揮のスポーツ科学
© Tokunaga, Taguchi, Yamamoto 2002　　　　　　　NDC780　iv, 170p　21cm

初版第1刷	2002年3月28日
第7刷	2007年9月1日
編著者	徳永幹雄・田口正公・山本勝昭
発行者	鈴木一行
発行所	株式会社　大修館書店
	〒101-8466　東京都千代田区神田錦町3-24
	電話 03-3295-6231（販売部）　03-3294-2358（編集部）
	振替 00190-7-40504
	[出版情報] http://www.taishukan.co.jp/
装丁者	中村友和(ROVARIS)
印刷所	横山印刷
製本所	関山製本社

ISBN978-4-469-26490-6　Printed in Japan

Ⓡ本書の全部または一部を無断で複写複製（コピー）することは、
著作権法上での例外を除き禁じられています。

教養としての スポーツ科学
Science and Humanities in Sport

早稲田大学スポーツ科学部[編]

（スポーツにかかわる叡智は、生活を豊かにする教養！）

●B5判・178頁
定価**1,995円**（本体1,900円）

今やスポーツはエネルギー消費をともなう身体活動をおこなうだけのものではなく、みる、しらべる、ささえる、…など、さまざまなかかわり方がある。本書では、人々がスポーツマインドを持ち、生活を豊かにすることができるように、教養としてのスポーツをわかりやすく解説している。

【主な内容】▼スポーツの感動▼スポーツの起源と歴史▼スポーツとメディア▼スポーツの政治・経済的効果▼スポーツと教育▼スポーツと倫理▼動作を生む身体の構造と機能▼スポーツによる身体の変化▼健康とスポーツ▼コンディションと疲労▼トレーニングの原則とトレーニング科学▼スポーツ選手の栄養▼スポーツ選手の心理▼トップパフォーマンスへの挑戦▼指導とコーチング▼技術・戦術・戦略の分析▼スポーツによる傷病とリコンディショニング▼傷病の予防とメディカルチェック▼スポーツ医科学研究とサポート▼スポーツドクターとトレーナー▼スポーツを支える組織と振興▼スポーツに関連する産業▼スポーツ・メディアに起因する問題▼スポーツの産業化に起因する問題▼地域スポーツの振興をめぐる問題

大修館書店　　書店にない場合やお急ぎの方は、直接ご注文ください。☎03-3934-5131

スポーツ選手なら知っておきたい「からだ」のこと

小田 伸午 著

スポーツは、筋肉・筋力が全てではない！

速く走る、素早く相手をかわす、速いボールを投げるなどは、単に筋力を高めるだけでは効果は期待できない。骨や筋肉、関節などの成り立ちを知り、二軸動作や常歩（なみあし）を理解することがいかに重要かを、イチロー選手やクレメンス投手、末續選手などを例にして解説。

●B5判・136頁・二色刷
定価**1,680円**（本体1,600円）

主要目次　第1章 誰もが知っておきたい「骨と筋肉と関節」のこと／第2章 誰もが知っておきたい「身体運動を引き起こす二つの力」のこと／第3章 誰もが知っておきたい「脳と神経」のこと／第4章 誰もが知っておきたい「二軸動作」のこと

大修館書店　　書店にない場合やお急ぎの方は、直接ご注文ください。☎03-3934-5131

定価＝本体＋税5％（2007年8月現在）